fantasía pura
en la cocina

Primera edición: octubre de 2023

Zenith es un sello editorial de Editorial Planeta, S.A.
Avda. Diagonal, 662-664, 08034 Barcelona (España)
www.zenitheditorial.com
www.planetadelibros.com

ISBN: 978-84-08-27722-4
Depósito legal: B. 15526-2023

Impreso en España – *Printed in Spain*

PEFC
PEFC/14-38-00305

Certificado PEFC

Este libro procede de bosques gestionados de forma sostenible y fuentes controladas

www.pefc.es

Alba Fernández
@albitrips

fantasía pura en la cocina

90 recetas saladas, sabrosas y sencillas para solucionar todas tus comidas

zenith

Sumario

Introducción

Antes que nada, es un placer tenerte leyendo estas líneas: millones de gracias por haber escogido este libro de entre tantas opciones disponibles hoy en día.

Me llamo Alba Fernández, aunque, si me sigues en redes sociales, me conocerás como @albitrips. Allí creo contenido sobre recetas fáciles de hacer, saludables y, sobre todo, deliciosas. Y te preguntarás: ¿cómo pensaste en crear una cuenta dedicada a recetas?

Vayamos por partes. Mi trayectoria en redes sociales se inició en 2019, cuando empecé compartiendo consejos sobre viajes y restaurantes. Te engañaría si te dijera que siempre me ha gustado cocinar, porque no es verdad; lo que sí me ha gustado siempre es viajar y comer rico, variado y saludable. Pero en 2020 llegó la pandemia, que nos obligó a encerrarnos en casa y nos dejó un montón de horas libres. Con anterioridad había publicado un pan de harina de espelta y unas galletas de avena saludables en mi cuenta que habían tenido bastante éxito, así que empecé a compartir más recetas. Y fíjate, cuando me quise dar cuenta ya tenía decenas y decenas de recetas compartidas y, a día de hoy, aún sigo asimilando (y temblando de emoción al pensarlo) que esté escribiendo este prólogo debido al éxito que han tenido.

No he estudiado cocina ni nutrición, pero el deseo de divulgar el lema «la alimentación saludable no es aburrida» eleva mi creatividad y me ayuda a preparar platos muy sencillos, pero ricos y originales, como los que encontrarás en las siguientes páginas. Además, cuando tuve la opción de llegar a más gente, no solo a través de las redes sociales, decidí no perder esta oportunidad de publicar un libro y compartirlo contigo, hecho que me llena de absoluta felicidad.

Por último, pero no menos importante, en este viaje me está acompañando Sergi: mi pareja, mi pinche, mi editor, quien pone la voz a todos mis vídeos y, en resumidas cuentas, mi compañero de vida. Sin su ayuda incondicional para redactar, cocinar y fotografiar las recetas, este libro no habría sido el mismo, así que él también es parte fundamental de este proyecto y por ello le doy gracias infinitas.

Finalmente, quiero agradecerte de nuevo que brindes una oportunidad a este pedacito de nosotros, y prepárate para salivar con unas ideas que son, como dice Sergi al acabar cada receta, ¡FANTASÍA PURA!

En el mundo tan acelerado en el que vivimos, la falta de tiempo y el ritmo ajetreado están a la orden del día, y a menudo caemos en la tentación de recurrir a comidas rápidas y poco saludables. A pesar de tener, muchas veces, la nevera llena de comida, cuando la abrimos se nos cae el mundo encima intentando pensar qué podemos preparar para comer o cenar. Este libro nace con la idea de facilitarte ese proceso, ya que casi todas las recetas que encontrarás se hacen en menos de media hora, con pocos pasos, pero claros y muy sencillos de ejecutar: ¡ya hay suficientes cosas más importantes de las que preocuparnos como para no saber qué cocinar!

Una alimentación equilibrada y saludable es fundamental para nuestra salud y bienestar físico y mental, y nos ayuda a prevenir enfermedades como la diabetes o la obesidad, e incluso a mejorar el estado de ánimo y la calidad del sueño. Y todo esto, aunque parezca complicado, es más sencillo de lo que crees. Y es uno de los motivos del lanzamiento del libro: darte ideas sencillas, deliciosas y rápidas de preparar, que gustarán tanto a mayores como a pequeños y con ingredientes de todo tipo. Recetas hechas para personas que buscan comer bien pero no disponen de mucho tiempo, gente que cree que sus habilidades culinarias no son las mejores o, simplemente, para aquellos y aquellas que quieran aumentar su repertorio culinario. En resumen, ¡recetas al alcance de todos!

Este libro también es una demostración de que comer sano no tiene por qué ser aburrido. No todo se reduce a verduras cocidas, pollo a la plancha o ensaladas con mucha lechuga. La comida saludable tiene un amplio abanico de posibilidades, con platos llenos de color y nutrientes. Recetas con proteínas, verduras, carbohidratos y grasas saludables, sin harinas refinadas ni azúcares añadidos, que te permitirán llevar una alimentación equilibrada y saludable sin sacrificar el sabor. Y para ello no es necesario rebuscar mucho: basta con disponer de ingredientes que se pueden encontrar de forma fácil en cualquier mercado o supermercado, comunes y accesibles.

Las siguientes páginas, escritas con tanto cariño, están divididas en entrantes, principales y salsas, pero tienes libre elección para usar una salsa como acompañamiento de un principal, un principal como entrante para compartir o combinar recetas de la forma que quieras. De eso se trata la cocina: de no ponerse límites y dar rienda suelta a la creatividad. La guía con apartados y subapartados que hemos añadido está solo por si en algún momento necesitas un pequeño empujón y no sabes muy bien por dónde tirar.

Además, está especificado si una receta es sin gluten o sin lactosa, y si es vegetariana o vegana. También encontrarás al final de cada una un apartado de sustituciones y recomendaciones para que puedas ajustar el plato a lo que creas conveniente: muchas veces no tenemos todos los ingredientes y siempre viene bien tener alguna alternativa, o queremos hacer la receta vegetariana o vegana en caso de que no lo sea.

Y, sin más preámbulos, te abro las puertas de mi cocina y te presento estas 90 recetas saladas. Todas ellas llevan un pedacito de mí: ¡espero que las disfrutes!

Entrantes

en la cocina

Para untar

Prepara pan, verduras en crudo, picatostes, tostaditas... ¡porque vienen ideas para chuparse los dedos! Encontrarás diferentes tipos de paté, hummus y alguna confitura, que colmarán de color y sabor tu mesa.

¡Disfrútalos!

Humshuka

sin gluten / sin lactosa / vegetariana

Recuerdo que la primera vez que probé la *shakshuka* fue un sábado en un desayuno estilo *brunch* con Sergi. Me gustó tanto esta combinación de sabores que, nada más terminar de comer, fui a comprar los ingredientes y grabé la receta esa misma tarde para poder compartirla con mis seguidoras.

Preparación

1. Para el hummus, introduce todos los ingredientes en una batidora y tritura.
2. Para la *shakshuka*, dora la cebolla picada en una sartén con un chorrito de aceite de oliva virgen extra. Incorpora el pimiento rojo, previamente lavado y cortado en cuadraditos pequeños.
3. Cuando ambos ingredientes estén listos, agrega el tomate triturado.
4. Añade las especias y la sal.
5. Deja cocinar la mezcla durante unos 10 o 15 minutos hasta que empiece a espesar.
6. Monta el plato: hummus como base, *shakshuka* por encima y, si quieres, una yema de huevo.
7. Por último, pon hojitas de perejil fresco para decorar y un chorrito de aceite de oliva virgen extra.

Sustituciones y recomendaciones

→ Si lo prefieres, puedes ponerle un huevo a la plancha.
→ Si quieres, cambia la mitad del tomate triturado por 1 tomate grande maduro a dados.
→ Esta receta es vegana si optas por no incluir el huevo.

2 raciones

Ingredientes

Para el hummus tradicional

- 200 g de garbanzos cocidos
- 25 ml de aceite de oliva virgen extra
- ⅓ de limón exprimido
- ½ diente de ajo
- Especias: pimentón, pimienta negra molida y comino
- Sal al gusto
- 1 cucharadita de tahini
- 1 chorrito de agua fría (unos 20 ml aproximadamente)

Para la *shakshuka*

- ½ cebolla mediana
- ½ pimiento rojo grande
- 200 g de tomate triturado
- Aceite de oliva virgen extra
- Especias: comino, pimentón dulce, pimienta negra molida y hojas de perejil fresco
- Sal
- Opcional: 1 yema de huevo

2 raciones

Hummus de queso feta

sin gluten / vegetariana

Si ya era fan del hummus, acompañarlo con queso feta para mí ha sido toda una revelación. ¿Hay algún fan del hummus por aquí? ¿Con qué lo que acompañarías?

Ingredientes

- 200 g de garbanzos cocidos
- 100 g de queso feta
- 2 cucharadas de aceite de oliva virgen extra
- 2 cucharadas de agua fría
- Sal y pimienta negra molida al gusto
- Opcional: perejil fresco

Preparación

1. Para el hummus, introduce todos los ingredientes en una batidora de vaso o de mano y tritura.
2. Emplata. Para decorar, añade unas hojas de perejil por encima, un poquito de queso feta desmenuzado y un chorrito de aceite de oliva virgen extra.

Sustituciones y recomendaciones

→ Si el hummus te queda muy líquido, agrega un trocito más de queso feta. Si, por el contrario, queda muy compacto, incorpora un chorrito más de agua fría.

→ Puedes acompañar este delicioso hummus con unos crackers de espelta o unos crudités de verdura, como zanahoria, calabacín o pepino.

→ En la nevera aguanta entre 3 y 4 días en un recipiente hermético bien cerrado.

2 raciones

Paté de mejillones exprés

sin gluten

En una cena de Navidad, mi hermana hizo un paté de atún; se nos ocurrió probarlo con mejillones también para darle un toque original y el resultado fue espectacular. Es un entrante muy suave de sabor, que se prepara en un momento y solo con tres ingredientes.

Ingredientes

- 1 lata de mejillones en escabeche (110 g)
- 1 lata de atún al natural (80 g)
- 150 g de queso crema

Preparación

1. Escurre el atún y ponlo en una batidora de mano junto con el queso crema y los mejillones con su escabeche (para dar más sabor). Tritura.
2. Para que el emplatado quede bonito, puedes utilizar dos boles: uno con el paté y el otro con pan tostado para acompañar.

Sustituciones y recomendaciones

→ Si te gusta más sólido, puedes añadir otra lata de atún.

→ Si lo prefieres, utiliza queso crema sin lactosa.

→ Opcional: decora con algún mejillón y unas hojitas de perejil o cebollino picado.

2 raciones

Hummus trufado

sin gluten / sin lactosa / vegana

Ingredientes

- 200 g de garbanzos cocidos
- 25 ml de aceite de oliva virgen extra
- 1 chorrito de agua fría
- 80 g de salsa de trufa (3 cucharadas)
- ½ cebolla
- 1 cucharada de pasta de dátil (2 dátiles aproximadamente)
- Sal
- Pimienta negra recién molida
- Perejil fresco

Este plato es idóneo para compartir con varios comensales. Además, tiene un toque *gourmet* trufado que me encanta. Se puede emplatar tanto solo como en minitostaditas.

Preparación

1. Para el hummus, introduce todos los ingredientes excepto la cebolla y la pasta de dátil en una batidora y tritura.
2. Paralelamente, pocha en una sartén la cebolla cortada en juliana con aceite de oliva virgen extra, y añade una cucharada de pasta de dátil.
3. Para la pasta de dátil, deja en remojo los dátiles sin hueso con un chorrito de agua (si tienes prisa, puedes añadir agua caliente) unos 5-10 minutos y después tritúralos. Si te gusta más líquida, puedes agregar agua hasta conseguir la textura deseada.

Sustituciones y recomendaciones

→ Si no tienes pasta de dátil o no es de tu agrado, puedes sustituirla por el endulzante que prefieras.

→ Si no te gusta la cebolla caramelizada, puedes omitirla en la receta y disfrutar solo del hummus.

2 raciones

Paté de queso

sin gluten / vegetariana

Con este paté, harás la tabla de quesos más *gourmet* entre tus amigos y familia. Necesitas muy poquitos ingredientes para sorprender a todos los paladares que prueben semejante manjar.

Ingredientes

- 100 g de queso de oveja
- 1 hoja de gelatina neutra
- 200 ml de nata líquida

Preparación

1. Ralla el queso.
2. Calienta en un cazo la nata líquida con el queso rallado hasta que se integren (no tienen que llegar a hervir).
3. Hidrata la lámina de gelatina en agua fría unos 7 minutos.
4. Añade la lámina de gelatina neutra bien escurrida al cazo y remueve hasta que se disuelva. No tardará más de unos segundos.
5. Vierte la mezcla en una cazuela (o cualquier recipiente que quieras) y deja enfriar primero al aire libre durante media hora y luego en la nevera un par de horas.

Sustituciones y recomendaciones

→ Puedes añadir a la mezcla pimentón dulce o hierbas provenzales para darle un sabor aún más rico, en el caso de que sea posible, a este delicioso paté.

→ Se conserva genial en la nevera un par de días, ¡aunque, con lo rico que está, no durará tanto!

→ Puedes añadir un queso que ya venga con especias, o incluso con un toque de trufa.

→ No te olvides de acompañar este paté con unos crackers con semillas, picos, *regañás* o unas buenas rebanadas de pan tostado.

2 raciones

Confitura de pimientos

sin gluten / sin lactosa / vegana

Ingredientes

- 200 g de pimiento del piquillo asado
- 4 cucharaditas de pasta de dátil (6 dátiles aproximadamente)
- 1 cucharadita de aceite de oliva virgen extra
- Opcional: cebollino fresco

En casa siempre tenemos queso de muchos tipos. Si vienen amigos o familia, una tabla de quesos es lo primero que preparamos junto con esta confitura dulce de pimientos asados, que queda ideal con cualquier tipo de queso y se prepara en un abrir y cerrar de ojos.

Preparación

1. Para la pasta de dátil: deja en remojo los dátiles sin hueso con un chorrito de agua (si tienes prisa, puedes añadir agua caliente) unos 5-10 minutos y después tritúralos. Si te gusta más líquida, puedes agregar agua hasta conseguir la textura deseada.
2. Tritura todos los ingredientes con una batidora de mano. Si utilizas pimientos en conserva, escúrrelos muy bien.
3. Comprueba el sabor de la confitura a medida que vayas añadiendo las cucharaditas de pasta de dátil para que no quede más dulce de lo que quieres.
4. Acompaña la confitura con lo que más te guste. Nosotros la servimos encima de unas tostadas de queso.
5. Opcional: decora con cebollino fresco.

Sustituciones y recomendaciones

→ Si no tienes pasta de dátil o no te gusta, sustitúyela por el endulzante que prefieras.

→ En lugar de utilizar pimientos del piquillo en conserva, puedes asar el pimiento en el horno precalentado a 190 °C durante 20 minutos (10 minutos por cada lado), quitar la piel y cortarlo en tiras cuando se haya enfriado.

→ Puedes acompañar esta confitura de pimientos dulce con daditos de queso rebozados, *nuggets* o canapés de queso crema, por ejemplo.

Para compartir

No hay nada mejor que poder compartir la comida con aquellos que nos rodean, así que todas las ideas del siguiente apartado están pensadas para ello. En los ingredientes encontrarás cantidades para preparar una ración para compartir, como mínimo, entre dos personas. Puedes hacer más o menos cantidad en función de cuántos entrantes quieras elaborar y cuántas personas seáis.

Sustituciones y recomendaciones

- → Te recomiendo que comas los nachos recién salidos del horno para que estén bien crujientes y no se humedezcan.
- → Puedes sustituir el queso crema por dos cucharadas de hummus o guacamole.
- → Puedes preparar los nachos con tortillas de trigo integral o de maíz.

2 raciones

Nachos con salsa de queso y champiñones

¿Te animas a preparar estos nachos bien crujientes y saludables? ¡Necesitarás muy pocos ingredientes para contentar a tu estómago!

Ingredientes para los nachos

- 3 tortillas de trigo 100 % integral (para fajitas)
- 1 cucharada de aceite de oliva virgen extra
- Especias: 1 cucharadita de pimentón, 1 cucharadita de comino molido y 1 cucharadita de cebolla en polvo
- 1 cucharadita de sal

Para el relleno

- 4 champiñones
- 2 cucharadas de queso crema
- 2 lonchas de jamón serrano
- 1 cucharada de aceite de oliva virgen extra

Preparación

1. Mezcla en un bol el aceite de oliva virgen extra junto con la sal y las especias del listado de ingredientes para los nachos.
2. Corta las tortillas en triángulos y pincela, con la ayuda de una brocha, cada nacho con el aceite especiado (por un lado es suficiente).
3. Precalienta el horno y mételas durante 8 o 10 minutos a 180 °C, o en la freidora de aire a 180 °C durante 8 minutos, hasta que los nachos estén crujientes y doraditos.
4. Para el relleno, lava los champiñones y córtalos en cuadraditos pequeños.
5. Cocínalos en una sartén con una cucharada de aceite de oliva virgen extra durante 3 minutos aproximadamente.
6. Añade el jamón en taquitos y cocina junto con los champiñones 1 minuto más.
7. Para finalizar el relleno, agrega las dos cucharadas de queso crema a la sartén y espera un minuto a fuego bajo hasta que se funda.
8. Para emplatar, coloca los nachos dejando un hueco en medio para añadir el relleno de queso crema, champiñones y jamón.

2 raciones

Huevos rellenos

sin gluten / vegetariana

Estos huevos que simulan una falsa yema con ingredientes alternativos son todo un éxito en las comidas familiares. ¡Sorprende a tus invitados y alucina con sus caras!

Ingredientes

- 1 boniato
- 3 huevos
- 2 cucharaditas de aceite de oliva virgen extra
- 50 g de queso de cabra
- Sal
- Pimienta negra recién molida

Preparación

1. Cuece los huevos durante 12 minutos desde que el agua rompa a hervir.
2. Cocina el boniato en el microondas entre 8 y 10 minutos a máxima potencia en función del tamaño del boniato.
3. Una vez listo, deja que se enfríe para poder pelarlo y hacerlo puré con la ayuda de un tenedor.
4. Funde el queso de cabra en el microondas y mézclalo con el puré de boniato y las dos cucharaditas de aceite de oliva virgen extra. Puedes ayudarte de una procesadora de alimentos.
5. Añade la sal y la pimienta negra recién molida.
6. Pela los huevos, separa las yemas y guárdalas para otra ocasión.
7. Rellena cada huevo con una cucharada sopera de puré de boniato y queso de cabra a modo de falsa yema.

Sustituciones y recomendaciones

→ Con las yemas sobrantes puedes hacerte una tostada con jamón y queso crema.

→ Puedes sustituir el relleno por aguacate machacado con queso feta.

→ Para el relleno también puedes usar otras especias como ajo o cebolla en polvo.

ATLANTIC CITY, N.J.
NEW CASTLE
BATTLE CREEK
GALVESTON TEXAS
HOTEL-GALVEZ
CHICAGO
300 Baths

2 raciones

Albóndigas de salmón con salsa de aguacate

sin gluten

¿Opinas que el salmón y el aguacate combinan a la perfección? ¡Eres de las mías! A la hora de mezclar estos ingredientes, hay muchas alternativas más allá de un *poke bowl*. Si consigues un buen lomo de salmón, da una oportunidad a estas exquisitas albóndigas.

Ingredientes para las albóndigas

- 2 lomos de salmón (250 g)
- 1 huevo
- 2 cucharadas de harina precocida de maíz
- Especias: ajo en polvo, cebolla en polvo, pimienta negra molida y perejil picado
- Sal
- Aceite de oliva virgen extra (espray)

Para la salsa

- 2 cucharadas de queso crema
- ½ aguacate
- 1 cucharadita de aceite de oliva virgen extra
- Sal
- Pimienta negra al gusto

Preparación

1. Tritura los lomos de salmón en una batidora de vaso, salpimienta y mezcla en un bol con la harina de maíz, un huevo y las especias.
2. Integra muy bien todos los ingredientes y crea bolitas de tamaño similar.
3. Rocía las bolitas con un poco de aceite de oliva virgen extra en espray.
4. Cocina en la freidora de aire u horno precalentado durante 15 minutos a 190 °C.
5. Para la crema o salsa, bate todos los ingredientes del listado y sirve en un bol de acompañamiento.

Sustituciones y recomendaciones

→ Puedes sustituir los lomos de salmón por lomos de atún.

→ Si lo prefieres, puedes utilizar pan rallado integral en lugar de la harina precocida de maíz.

→ Si eres intolerante a la lactosa, para la salsa puedes usar un queso crema sin lactosa.

→ La salsa también quedaría muy cremosa y deliciosa si cambias el aguacate por mango.

2 raciones

Provolone con alcachofas

sin gluten / vegetariana

Ingredientes

- 1 provolone (160 g)
- 1 bote de corazones de alcachofa (10 unidades aproximadamente)
- 150 g de tomate frito
- 2 cucharaditas de aceite de oliva virgen extra
- Especias: 1 cucharadita de orégano en polvo y 1 cucharadita de pimienta negra recién molida

Esta receta la preparó mi amiga María un día que me invitó a su casa a comer. Me gustó tanto que decidí que no faltaría en este libro. Así que los agradecimientos son para ella por cocinar entrantes tan deliciosos como este cuando nos juntamos.

Preparación

1. Precalienta el horno a 200 °C.
2. En una cazuelita de barro, añade una cucharadita de aceite de oliva virgen extra, el tomate frito y los corazones de alcachofa bien escurridos y cortados por la mitad.
3. Hornea 10 minutos a 180 °C.
4. Agrega el queso provolone junto con las especias y vierte una cucharadita más de aceite de oliva virgen extra por encima.
5. Vuelve a introducir en el horno durante 10 minutos más a 180 °C.

Sustituciones y recomendaciones

→ Si tienes tomate triturado, cocínalo al horno a 200 °C en la cazuelita 5 minutos antes de incorporar los corazones de alcachofa, hasta que el agua se evapore.

→ Esta receta también la puedes preparar en la freidora de aire (el mismo tiempo que en el horno) o en una sartén antiadherente a fuego lento para que no se queme el tomate.

→ Puedes sustituir los corazones de alcachofa por coles de Bruselas.

→ No te olvides de acompañar este plato con unas rebanadas de pan tostado.

Tartaletas de calabacín, tomate y burrata

2 raciones

sin gluten / vegetariana

Estas tartaletas son una magnífica opción para una comida con invitados, ya que vas a conseguir sorprender desde el primer minuto con lo bonitas que quedan. Además, les puedes poner a modo de *topping* los ingredientes que más te gusten.

Ingredientes

- 4 tortillas de maíz
- 2 tomates
- ½ calabacín
- ½ bola de burrata
- Semillas de sésamo negro y tostado al gusto
- 1 cucharada de aceite de oliva virgen extra
- Especias: 1 cucharadita de orégano
- Hojas de albahaca fresca

Preparación

1. Corta el calabacín y el tomate en rodajas del mismo grosor.
2. Pincela las tortillas de maíz con unas gotitas de aceite de oliva virgen extra. Coloca el calabacín en rodajas en dos de ellas y el tomate en las otras dos.
3. Cocina en el horno previamente precalentado a 190 °C durante 20 minutos aproximadamente.
4. Por último, agrega el resto de los ingredientes: desmenuza la burrata y reparte por todas las tortillas, espolvorea unas semillas de sésamo y orégano al gusto, y decora con unas hojitas de albahaca.
5. Opcional: añade un chorrito de aceite de oliva virgen extra.

Sustituciones y recomendaciones

→ Si las quieres hacer más saciantes, puedes añadir pesto o una loncha de queso en la base.

→ Puedes sustituir el calabacín por berenjena si lo prefieres, pero no olvides dorar las rodajas de berenjena antes en una sartén con un poco de aceite de oliva virgen extra.

→ Si preparas esta receta en formato más grande con tortillas de trigo integral, prueba a combinar los dos sabores en la misma tartaleta.

→ Si quieres utilizar la freidora de aire, introduce las tortillas en varias tandas y cocínalas a 190 °C durante 20 minutos.

→ Si lo prefieres, puedes decorar con hojitas de menta en vez de albahaca para dar un toque más refrescante.

2 raciones

Nubes picantes de coliflor

sin gluten / vegetariana

Emplatadas en una cazuelita y acompañadas de salsa de yogur, estas nubes picantes de coliflor son un entrante que sorprenderá a tus comensales más exigentes, incluso a aquellos que dicen que no les gusta la coliflor.

Ingredientes

- 1 coliflor pequeña
- 2 cucharaditas de *tikka masala* o curri
- 2 cucharadas de harina precocida de maíz
- 1 cucharadita de sal
- 80 ml (aproximadamente) de leche

Preparación

1. Corta la coliflor en arbolitos.
2. Mezcla en un bol el resto de los ingredientes de sólido a líquido. La mezcla debe quedar con una textura similar a una papilla líquida.
3. Reboza cada trozo de coliflor en la mezcla y ponlos sobre papel de horno sin que se toquen entre ellos.
4. Cocina en la freidora de aire 15 minutos a 200 °C o en el horno precalentado 16 minutos a 190 °C.

Sustituciones y recomendaciones

→ Acompaña de una salsa de yogur. La que yo preparo lleva medio yogur griego, un chorrito de limón, una cucharadita de ajo, otra de cebolla en polvo y un poquito de sal. Si te gusta el picante, le podrías añadir una cucharadita de *tikka masala*, curri o pimentón.

→ Si la mezcla te queda muy espesa, añade un chorrito más de leche. Si, por el contrario, te queda muy líquida, añade una cucharadita más de harina precocida de maíz.

→ Si lo prefieres, sustituye la leche por bebida vegetal.

→ Puedes sustituir la harina precocida de maíz por pan rallado.

2 raciones

Ceviche de pulpo

sin gluten / sin lactosa

Esta receta se la dedico al restaurante La Rampa, y en especial a mi amigo Jeroni. De ese maravilloso local, con vistas a la montaña de Valldoreix, he cogido esta idea tan refrescante y deliciosa. ¡Espero que la disfrutes!

Ingredientes

- 1 pata de pulpo cocida
- ⅓ de coliflor pequeña
- ½ cebolla morada
- 1 limón
- ½ tomate verde
- 4 tomates cherri
- Aceite de oliva virgen extra
- Sal
- Pimienta negra
- Hojitas de perejil y cilantro frescas
- Opcional: 3 gotitas de salsa picante

Preparación

1. En dos tarritos de cristal y por separado, deshidrata los troncos de coliflor (cortados pequeños y previamente lavados) y la cebolla (cortada en juliana) con tres cucharadas de sal en cada tarrito durante 10 minutos.
2. Transcurrido ese tiempo, incorpora el zumo de medio limón y deja reposar una media hora. De esta forma conseguiremos encurtir la cebolla y la coliflor.
3. Paralelamente, ralla en un bol medio tomate pequeño verde (para que sea más fácil rallarlo lo puedes meter en el congelador un ratito antes para que se ponga duro), añade un buen chorro de aceite de oliva virgen extra, un poquito de sal, pimienta negra y cilantro bien picadito.
4. Agrega también el zumo de medio limón (o lima), 3 gotitas de tu salsa picante favorita, 4 tomates cherri cortados por la mitad y el pulpo ya cocido y en trocitos. Remueve muy bien.
5. Emplata el pulpo junto con la coliflor encurtida y decora el plato con cebolla encurtida y hojas de perejil fresco.

Sustituciones y recomendaciones

→ Si no te gusta la coliflor, puedes sustituirla por brócoli.

→ Puedes cambiar el pulpo por salmón, gambas o corvina.

2 raciones

Huevos rotos con boniato

sin lactosa / sin gluten

Este es el mítico plato de huevos rotos, con un cambio original y a la vez delicioso: el boniato, uno de mis ingredientes favoritos, que le da un sabor auténtico.

Ingredientes

- 1 boniato (375 g)
- 3 cucharaditas de aceite de oliva virgen extra
- 1 huevo
- Lonchas de jamón serrano al gusto
- Sal
- 1 cucharadita de pimienta negra recién molida
- 1 cucharadita de escamas de pimentón picante

Preparación

1. Pela el boniato y córtalo en daditos del mismo tamaño.
2. Hiérvelos durante 8 minutos y escúrrelos.
3. Saltéalos en una sartén con dos cucharaditas de aceite de oliva virgen extra hasta que se doren un poco por fuera para que queden crujientes.
4. En la misma sartén, pasa las lonchas de jamón cortadas en tiras finas.
5. Por último, reutilizando de nuevo la sartén, calienta una cucharadita más de aceite de oliva virgen extra y haz un huevo a la plancha con el fuego al mínimo para que no se queme y la yema quede líquida.
6. Emplata colocando primero el boniato y las tiras de jamón crujientes y, por último, el huevo a la plancha junto con las especias y la sal.

Sustituciones y recomendaciones

→ Esta receta se puede hacer también con patata.

→ Puedes añadir dos huevos si quieres incorporar más proteína a tu plato.

→ Puedes hacer el boniato en la freidora de aire o al horno si lo prefieres.

→ En vez de jamón le puedes poner beicon o tiras de pollo. Si la deseas hacer vegetariana, puedes omitir este ingrediente.

Canapés trufados

Estos canapés trufados son uno de mis entrantes favoritos por la facilidad con la que se preparan, el emplatado tan bonito que queda y la sorprendente combinación de sabores. ¡Éxito asegurado!

2 raciones

Ingredientes

- 10-12 tostaditas saladas
- 2 cucharadas de queso *ricotta* (50 g)
- 1 cucharadita de salsa de trufa (10 g)
- *Toppings*: huevos de codorniz, tacos de jamón y espárragos
- Aceite de oliva virgen extra

Preparación

1. En un bol, mezcla el queso *ricotta* y la salsa de trufa.
2. Prepara los huevos de codorniz a la plancha en una sartén con unas gotitas de aceite de oliva virgen extra. Reserva y, aprovechando el calor residual en la misma sartén, dora un poco los taquitos de jamón.
3. Por separado, corta la parte dura de los espárragos y cocínalos con un poquito de aceite de oliva virgen extra.
4. Emplata en una bandeja de piedra o madera: coloca una tostadita o *cracker* en la base, queso *ricotta* trufado y huevos de codorniz, jamón o espárragos a modo de *toppings*.

Sustituciones y recomendaciones

→ Te recomiendo usar unas tijeras especiales para abrir el huevo de codorniz, ya que son muy frágiles y es un poco complicado abrirlos con facilidad y sin que se rompan.

→ Para los espárragos, una vez que los has dorado en una sartén con aceite de oliva virgen extra, recomiendo añadir un chorrito de agua para que hiervan un poco (o, como decimos en casa, que hagan un poco de chup chup), ¡gastas menos aceite y quedan más blanditos en menos tiempo!

→ Puedes añadir el *topping* que más te guste: tomates confitados, un trocito de aguacate, una gamba, cebolla caramelizada, un trocito de pera o manzana o frutos secos, por ejemplo.

→ Puedes sustituir el relleno de queso *ricotta* trufado por hummus trufado o queso feta.

→ Si no quieres o no puedes comer gluten, escoge unas tostadas sin gluten.

2 raciones

Saquitos de espárragos

Esta receta es la oportunidad perfecta para incorporar los espárragos a tu alimentación. Si los pruebas en formato de saquito con jamón y queso, te van a gustar tanto que vas a querer repetir cada semana.

Ingredientes

- 2 tortillas de trigo 100 % integral (para fajitas)
- 4 lonchas de jamón serrano
- 2 lonchas de queso semicurado
- 1 manojo de espárragos (250 g)
- 2 cucharaditas de aceite de oliva virgen extra
- Sal
- Pimienta negra
- 30 ml de agua
- 1 huevo (opcional para barnizar)

Preparación

1. Prepara los espárragos retirando la parte dura.
2. Cocínalos en la sartén con una cucharadita de aceite de oliva virgen extra.
3. Cuando estén doraditos, añade un chorrito de agua para acabar de cocinarlos, y espera a que se evapore y queden blanditos. Salpimienta.
4. Encima de una superficie plana, prepara los saquitos cortando las tortillas por la mitad.
5. Coloca 4 espárragos por saquito, una loncha de jamón y, por último, media loncha de queso.
6. Cierra los saquitos de fuera hacia dentro tal y como sale en la imagen.
7. Opcional: pincela la tortilla por ambas partes con un huevo batido para que quede bien crujiente y pegada.
8. En una sartén con una cucharadita de aceite de oliva virgen extra, dora los saquitos durante un minuto aproximadamente por cada cara.

Sustituciones y recomendaciones

→ Puedes usar el queso que más te guste.
→ Puedes sustituir el jamón serrano por jamón cocido.
→ Si quieres, puedes emplatar esta receta en formato *fajipizza* sin cortar la tortilla por la mitad.
→ Si no te gustan los espárragos, los puedes sustituir por hojas de espinaca fresca.

GRADIDGE,
FOX'S
Artillery Place, WOOLWICH,
LONDON, S.E.
The "Grooved Handle."
ROBINSON BROWNS
FASHION
PATTERNS
Robinson Brown
Royal Silk Warehouse
MACCLESFIELD.
WOULD YOU
show this standard high grade 42
Trial
NATHANIEL BERRY,
14, City Road, London, E.C.
SMALL PIANO. SMALL PRICE.
33⅓ %

2 raciones

Nidos de jamón y huevo

sin gluten

Prepara estos nidos de jamón y huevo de entrante, picoteo, para una ocasión especial o para cenar. ¡No tendrás que ensuciar prácticamente nada y el resultado es delicioso!

Ingredientes

- 12 lonchas finas de jamón serrano
- 1 puñado de espinacas (20 g)
- 1 puñado de queso para gratinar (40 g)
- 6 huevos de codorniz
- Aceite de oliva virgen extra

Preparación

1. Coloca unas lonchas finas de jamón en moldes para magdalenas o flan previamente engrasados con un poquito de aceite de oliva virgen extra. Si las lonchas no son muy grandes necesitarás dos por pieza.
2. Añade un poquito de espinaca bien picadita y una cucharadita de queso para gratinar.
3. Por último, casca un huevo de codorniz por «nido» y cocina en el horno precalentado a 190 °C durante 15 minutos aproximadamente, o 14 minutos a 185 °C en la freidora de aire.

Sustituciones y recomendaciones

→ Si el huevo te gusta con la yema más cuajada, déjalo cocinar un rato más.

→ Puedes sustituir el huevo de codorniz por huevo de gallina, y las espinacas frescas por rúcula.

→ Si no tienes moldes de magdalenas, puedes usar uno cuadrado y emplatar en formato pastel salado de una sola pieza con el jamón de base.

→ Intenta que las lonchas cubran toda la base para que se forme bien el «nido».

2 raciones

Rollitos de pollo y pistacho

sin gluten

¿Habías visto alguna vez un rebozado con pistacho? Te va a dejar sin palabras: además de ser saludable está delicioso. Si te has quedado salivando, ponle remedio rápido y cocina esta receta que no te llevará más de 25 minutos.

Ingredientes

- 300 g de pechuga de pollo fileteada (unos 6 filetes)
- 50 g de queso emmental (3 lonchas)
- 30 g de parmesano en polvo
- 30 g de pistacho sin pelar (1 puñado aproximadamente)

Preparación

1. Filetea la pechuga en el caso de que no venga fileteada y seca muy bien con papel absorbente.
2. Añade encima de cada filete media loncha de queso emmental y enrolla la pechuga con el queso dentro.
3. En paralelo, pela y tritura los pistachos y junta con el parmesano en polvo.
4. Reboza generosamente los rollitos en la mezcla.
5. Coloca los rollitos en una bandeja y hornea a 180 °C durante 15 o 20 minutos con el horno precalentado, o 10 minutos a 200 °C en la freidora de aire.

Sustituciones y recomendaciones

→ Al relleno le puedes añadir también una loncha de jamón cocido junto con el queso emmental.

→ Podrías sustituir el pistacho por otro fruto seco como anacardos.

→ Acompaña estos rollitos con unas buenas patatas (encontrarás varias recetas para ello desde la página 67 hasta la 82).

Sustituciones y recomendaciones

- → Puedes preparar otros rellenos, como, por ejemplo, aguacate machacado, queso fundido y pollo mechado, o queso crema fundido con taquitos de jamón.
- → Si no quieres hacer la cebolla encurtida, añádela al relleno de los garbanzos muy bien picadita y el plato quedará igual de rico.

Nachos caseros con dip de garbanzo y aguacate

sin lactosa / vegana

Anímate y prepara conmigo estos nachos saludables para un buen picoteo o como entrante. Quedan muy crujientes ¡y se hacen en menos de 15 minutos!

2 raciones

Ingredientes para los nachos

- 3 tortillas de trigo 100 % integral (para fajitas)
- 1 cucharada de aceite de oliva virgen extra
- Especias: 1 cucharadita de pimentón, 1 cucharadita de comino molido y 1 cucharadita de cebolla en polvo
- 1 cucharadita de sal

Para el relleno

- 200 g de garbanzos cocidos
- ½ aguacate
- 1 diente de ajo pequeño
- Aceite de oliva virgen extra
- Sal
- Pimienta negra
- Hojas de perejil fresco
- ½ cebolla morada
- Zumo de ½ limón

Preparación

1. Mezcla en un bol el aceite de oliva virgen extra, la sal y las especias del listado de ingredientes para los nachos.
2. Corta las tortillas en triángulos y pincela, con la ayuda de una brocha, cada nacho con el aceite especiado (por un lado es suficiente).
3. Precalienta el horno y mételas durante 8 o 10 minutos a 180 °C, o en la freidora de aire a 180 °C durante 8 minutos, hasta que los nachos estén crujientes y doraditos.
4. Para preparar el relleno de los nachos, chafa los garbanzos previamente lavados y escurridos con la ayuda de un tenedor.
5. Incorpora el ajo bien picado y el aguacate, y continúa aplastando hasta obtener una masa. Salpimienta y añade un buen chorro de aceite de oliva virgen extra.
6. En un tarrito de cristal y por separado, pon media cebolla morada cortada en juliana y tres cucharaditas de sal. Espera 10 minutos para que se deshidrate y, posteriormente, agrega el zumo de medio limón y deja reposar como mínimo 20 minutos más para conseguir una cebolla encurtida y con ese color rosa tan característico.
7. Para emplatar, coloca los nachos en la base, seguidos del relleno de garbanzo y aguacate y, por último, un poco de cebolla encurtida. Puedes decorar el plato con hojas de perejil fresco bien picado.

2 raciones

Ratatouille de calabacín con bacalao desalado

sin gluten

Aquí te traigo una ensalada supercompleta con pescado, por si te cuesta incorporarlo en tu día a día como me pasa a mí, además de fácil de preparar y muy colorida.

Ingredientes

- 1 calabacín grande
- 1 bola de *mozzarella*
- 2 tomates grandes
- 1 puñado de pistachos
- Aceite de oliva virgen extra
- Sal
- Pimienta negra
- 100 g de bacalao desalado
- Opcional: 3 o 4 tomates cherri

Preparación

1. Cocina el calabacín cortado en rodajas en la freidora de aire con un poquito de aceite de oliva virgen extra durante 18 minutos a 200 °C, o en la sartén hasta que esté dorado por ambas partes.
2. Corta los tomates y la bola de *mozzarella* bien escurrida en rodajas del mismo tamaño; pela los pistachos y trocéalos un poco.
3. Emplata alternando el calabacín, el tomate y la *mozzarella*, y termina añadiendo el bacalao desalado por encima y, opcionalmente, los tomates cherri cortados a rodajas.
4. Espolvorea los pistachos troceados, salpimienta y agrega un chorrito de aceite de oliva virgen extra.

Sustituciones y recomendaciones

→ Puedes sustituir el calabacín por berenjena.
→ Si quieres, puedes añadir unas patatas cocidas en rodajas y doradas en la sartén.
→ Si lo prefieres, cambia los pistachos por cualquier otro fruto seco.
→ En lugar de bacalao puedes utilizar atún o salmón marinado.

FANCY FLANNELS, TAFFETAS, &c.
Shirts from 8/6.
Pyjama Suits from 15/9.
FREE SAMPLE

2 raciones

Sándwich trufado de berenjena

vegetariana

A esta receta le tengo un cariño especial porque la hice en el primer taller de cocina que impartí sobre entrantes saludables de Navidad. A todos los asistentes les encantó y espero que a ti también.

Ingredientes

- 4 rebanadas de pan de molde integral
- ½ berenjena
- 4 lonchas de queso semicurado
- ½ cebolla
- 1 cucharadita de pasta de dátil o del endulzante que prefieras
- 2 cucharaditas de salsa de trufa
- 2 cucharadas de aceite de oliva virgen extra
- Sal
- Pimienta negra

Preparación

1. Corta la berenjena en rodajas del mismo grosor.
2. Cocínalas con aceite de oliva virgen extra en la sartén y resérvalas. Salpimienta.
3. Para preparar la cebolla caramelizada, corta media cebolla en juliana y sofríela en una sartén a fuego bajo con un buen chorro de aceite de oliva virgen extra. Cuando esté bien pochada, incorpora una cucharadita de pasta de dátil o del endulzante que te guste y remueve durante unos minutos hasta que ambos ingredientes estén bien integrados.
4. Cuando las rodajas de berenjena estén listas, monta el sándwich: comienza por una rebanada de pan de molde, luego pon tres rodajas de berenjena, un par de lonchas de queso semicurado, una cucharadita de cebolla caramelizada y otra de salsa de trufa.
5. Cierra el sándwich con otra rebanada de pan y calienta en una tostadora o en la sartén.

Sustituciones y recomendaciones

→ Si quieres tardar menos en preparar las berenjenas y no usar tanto aceite, cocínalas primero en el microondas, ya cortadas en rodajas, durante 5 minutos a máxima potencia.

2 raciones

Tartar de langostinos y granada

sin gluten / sin lactosa

¡Vamos con un entrante refrescante y ligero! Cuando es temporada de granadas, me encanta usarlas tanto para ensaladas como para tostadas, o para montar un entrante tan chulo como este colorido tartar de langostinos.

Ingredientes para el tartar

- ½ granada
- ½ aguacate
- 12 langostinos cocidos pelados
- Opcional: hojas de perejil fresco

Para la vinagreta

- ¼ lima (jugo y ralladura)
- 3 cucharadas de aceite de oliva virgen extra

Preparación

1. Mezcla el aceite de oliva virgen extra con la ralladura de un cuarto de lima y su jugo.
2. Deja reposar los langostinos en la vinagreta de lima un mínimo de 10 minutos.
3. Corta en daditos del mismo tamaño los langostinos previamente escurridos y el aguacate.
4. Pela la granada.
5. Para montar el tartar, junta en un bol la granada, el aguacate y los langostinos. Mézclalo todo bien.
6. Con la ayuda de un aro pequeño de emplatar, añade la mezcla y presiona un poco con una cuchara para que quede todo compacto. Retira con cuidado hacia arriba el molde y decora con unas colas de langostino, unas hojitas de perejil fresco y un trocito de lima.

Sustituciones y recomendaciones

→ Si no es temporada de granada, puedes sustituirla por mango.
→ Si no tienes langostinos, cámbialos por gambas cocidas o un lomo de salmón o atún.
→ Si no tienes molde para hacer el tartar, lo puedes presentar en formato ensalada o en tostadas.
→ Para desgranar la granada y no desesperarte, córtala por la mitad, ponla boca abajo y dale golpes con la ayuda de una cuchara para que los granos se vayan desprendiendo de forma sencilla.

Alcachofas con romesco

sin lactosa

2 raciones

¡Desde finales de invierno hasta mediados de primavera en Cataluña se celebra la temporada de *calçots*! Con esta receta he querido dar un segundo uso a la salsa romesco que a todo aquel que la prueba le encanta. Así que, si te sobra un poco de esta salsa, ya sabes con qué combinarla.

Ingredientes

- 1 bote de alcachofas (9 corazones de alcachofa aproximadamente)
- 1 huevo
- 3 cucharadas de salsa para *calçots* o salsa romesco
- 1 cucharada de tacos de jamón (20 g)
- Mezcla de semillas (girasol, calabaza, lino y sésamo)
- Aceite de oliva virgen extra
- Sal
- Pimienta negra

Preparación

1. Lava y escurre las alcachofas. Dóralas en una sartén con aceite de oliva virgen extra unos 5 minutos hasta que empiecen a coger color. Si las compras a la brasa, solo tienes que calentarlas en una sartén con un poco de aceite de oliva virgen extra.
2. Incorpora los tacos de jamón a las alcachofas y cocina un minuto más para que el jamón se dore un poco.
3. En paralelo, haz un huevo a la plancha con un poquito de sal y pimienta negra.
4. Para emplatar, coloca primero el huevo a la plancha.
5. Cúbrelo (excepto la yema) con salsa romesco o de *calçots*.
6. Añade las alcachofas con jamón.
7. Por último, salpimienta e incorpora un poquito de mezcla de semillas.

Sustituciones y recomendaciones

→ Si quieres hacer la versión vegana, sustituye el jamón y el huevo por trocitos de tofu marinados con pimentón o tu proteína vegetal favorita y añade algunos frutos secos.

→ Si lo prefieres, añade otra verdura que sustituya a las alcachofas.

→ La diferencia entre la salsa de *calçots* y la romesco es que la primera tiene ñora (que la hace más dulce) y la segunda tiene pimiento choricero, que le da un toque más amargo.

Patatas

A pesar de que las siguientes ideas también están pensadas para ser compartidas, la patata merecía un apartado exclusivo debido a la variedad de recetas que nos brinda y lo buena que está. ¡Disfrútala!

2 raciones

Patatas deluxe con salsa de mango

sin gluten / vegetariana

¿Quieres marcarte un buen tapeo de forma saludable? Anímate y prepara estas patatas *deluxe* bien crujientes con una salsa de acompañamiento de rechupete. Además, ¡el toque de mango bien refrescante le queda genial!

Preparación

1. Lava las patatas y córtalas en gajos.
2. En un bol, añade todas las especias, la sal y dos cucharadas de aceite de oliva virgen extra. Incorpora los gajos de patata y remueve bien, para que todos se empapen.
3. Extiéndelas sobre un trozo de papel de horno.
4. Cocínalas en el horno precalentado a 200 °C durante 15 minutos por cada lado, o en la freidora de aire durante 25 minutos a 200 °C (da la vuelta a las patatas cuando haya pasado la mitad del tiempo).
5. Para la salsa, tritura el queso crema junto con el mango ya pelado.
6. Emplata y sirve la salsa en un recipiente por separado para que los gajos de patata no se reblandezcan.

Sustituciones y recomendaciones

→ Si quieres darle otro toque a la salsa, puedes sustituir el mango por un chorrito de lima y un poco de su ralladura, o eliminarlo y mezclar el queso crema con una cucharadita de curri.

→ También puedes acompañar estas patatas con una salsa de yogur griego, un chorrito de limón y tus especias favoritas.

Ingredientes

- ¼ de mango (100 g)
- 2 cucharadas de queso crema (50 g)
- 2 patatas grandes
- Especias: ajo en polvo, cebolla en polvo, albahaca y pimienta negra molida
- Sal
- 2 cucharadas de aceite de oliva virgen extra

2 raciones

Patatas cabramelizadas

sin gluten / vegetariana

Uno de los pequeños placeres de la vida es hacer un vermut un fin de semana con amigos; al sol, sin prisas y con estas patatas *cabramelizadas* de entrante. ¿Te apuntas al plan?

Ingredientes

- 260 g de patatas *baby* (12 patatas aproximadamente)
- 1 cebolla pequeña
- 60 g de queso de cabra
- 2 cucharadas de aceite de oliva virgen extra
- 2 cucharaditas de pasta de dátil
- Sal al gusto
- Pimienta negra al gusto

Preparación

1. Lava las patatas *baby*, ya que las vamos a comer con piel.
2. Introdúcelas en el microondas y cocínalas durante 4 o 5 minutos aproximadamente a máxima potencia.
3. Cuando estén listas, córtalas por la mitad de forma longitudinal.
4. En una sartén con una cucharada de aceite de oliva virgen extra, dora las patatas para que queden crujientes y salpimienta.
5. En paralelo, corta la cebolla en juliana y póchala con una cucharada de aceite de oliva virgen extra durante unos 5 minutos a fuego bajo.
6. Cuando la cebolla esté lista, incorpora dos cucharaditas de pasta de dátil e integra bien ambos ingredientes un par de minutos.
7. Añade el queso de cabra a la sartén y deja que se funda.
8. Para emplatar, pon en la base las patatas *baby* crujientes y por encima el relleno *cabramelizado*.

Sustituciones y recomendaciones

→ Si no tienes pasta de dátil o no te gusta, puedes sustituirla por el endulzante que prefieras.
→ Puedes sustituir las patatas *baby* por patatas monalisa o boniato.
→ Si quieres hacer una salsa más cremosa, añade una cucharada de nata líquida a la sartén.
→ Si no tienes queso de cabra, puedes usar otro como el *brie* o el provolone.

2 raciones

Patatas rellenas de jamón, queso y huevo

sin gluten

En esta receta he querido versionar los tradicionales huevos estrellados y convertirlos en patata rellena con un extra de queso. ¡Espero que te guste!

Ingredientes

- 2 patatas grandes
- 50 g de queso rallado
- 30 g de queso de cabra
- 20 g de tacos de jamón serrano
- 1 huevo
- Pimienta negra
- Sal

Preparación

1. Cuece las patatas con piel entre 14 y 18 minutos, dependiendo de su tamaño, o al microondas 8 minutos a máxima potencia.
2. Cuando estén listas, déjalas enfriar, córtalas por la mitad y, con la ayuda de una cuchara, vacíalas lo suficiente para añadir el relleno.
3. En un bol, añade el relleno de las patatas: un huevo batido, los dos tipos de queso y los tacos de jamón. Salpimienta y rellena las patatas con la mezcla.
4. Hornea durante 8 minutos a 180 °C con el horno precalentado, u 8 minutos en la freidora de aire a 185 °C.

Sustituciones y recomendaciones

→ Para vaciar la patata puedes ayudarte de un cuchillo, bordeando el interior de la patata para luego sacar el relleno con cuidado con la cuchara.

→ Puedes rellenar las mitades de patata o cortarlas en formato de brava y añadir el relleno de huevo, queso y jamón por encima a modo de salsa antes de hornear.

→ Si la quieres hacer vegetariana, no le añadas jamón.

→ También quedaría ideal sustituir el jamón por sobrasada.

Patatas con falsa brava

sin gluten / sin lactosa / vegana

2 raciones

Ingredientes para las patatas

- 2 patatas grandes
- Aceite de oliva virgen extra
- Sal
- Pimienta negra y pimentón dulce

Para la salsa

- ½ cebolla
- 1 diente de ajo
- 1 chorro de aceite de oliva virgen extra
- 1 cucharadita de harina de avena (10 g)
- 60 ml de agua
- 1 cucharadita de pimentón picante
- 1 cucharadita de pimentón dulce
- Sal
- Opcional: hojitas de perejil y escamas de pimentón

¿Buscas una idea saludable para tu vermut del finde? ¡Estas patatas con falsa salsa brava te van a encantar!

Preparación para las patatas

1. Lava muy bien las patatas, sécalas y córtalas en cuadraditos de un tamaño similar para que se hagan a la vez.
2. Coloca las patatas en un bol y añade el aceite de oliva virgen extra, la sal, la pimienta y el pimentón dulce.
3. Precalienta el horno, pon las patatas en una bandeja con papel de horno y ásalas a 200 °C durante 10 minutos. Dales la vuelta y déjalas 10 minutos más. Si las preparas en la freidora de aire, cocínalas durante 16 minutos a 200 °C (dales la vuelta cuando haya pasado la mitad del tiempo).

Para la salsa

1. En una olla a fuego medio con aceite de oliva virgen extra, añade un ajo bien picado y rehoga unos segundos.
2. Añade la cebolla cortada en trozos muy pequeños, y un poco de sal al gusto. Pocha durante unos 4 o 5 minutos, removiendo para que no se queme.
3. Una vez pochada, agrega el pimentón picante y el dulce, remueve rápidamente e incorpora la harina.
4. Mezcla muy bien y cocina unos minutos sin dejar de remover a temperatura baja o media.
5. Incorpora el agua poco a poco hasta que cueza y sin parar de remover para que no queden grumos.
6. Tritura la salsa con una batidora para que los ingredientes queden mejor integrados.
7. Opcional: decora con escamas de pimentón y unas hojitas de perejil.

Sustituciones y recomendaciones

- → Si la mezcla queda muy espesa, añade más agua para conseguir la textura deseada. Si, por el contrario, queda muy líquida, redúcela un poco más a fuego lento removiendo, o agrega un poquito más de harina de avena.
- → Si no quieres que la salsa esté picante, usa solo pimentón dulce y te quedará igual de rica.
- → Si quieres darle un toque aún más cañero a esta receta, combina la salsa con un alioli.

2 raciones

Patatas machacadas completas

sin gluten

¿A quién no le gustan las patatas en todas las versiones? En casa somos sus admiradores y las cocinamos mucho, ya sea en formato *deluxe*, bravas o de esta nueva forma, que nos dejó muy sorprendidos. ¿Te animas tú también a sorprender a tu paladar?

Ingredientes

- 5 patatas pequeñas o medianas
- 5 champiñones (100 g)
- 2 puñados de espinacas (40 g)
- 1 puñado de tacos de jamón (50 g)
- Parmesano al gusto
- Aceite de oliva virgen extra
- Sal
- Pimienta negra

Preparación

1. Cocina las patatas al microondas con piel durante 8 minutos.
2. Escúrrelas y cháfalas, sin que se lleguen a romper, con la base de un vaso.
3. Dóralas en la sartén con un poquito de aceite de oliva virgen extra y resérvalas.
4. En la misma sartén, añade los champiñones ya cortados en dados bien picados. Incorpora las hojas de espinacas, también en trozos muy pequeños, junto con los tacos de jamón, y cocina unos minutos.
5. Por último, emplata, salpimienta y ralla un poco de parmesano o el queso que más te guste.

Sustituciones y recomendaciones

→ Si lo prefieres, puedes cambiar los *toppings* por *mozzarella* o burrata, hojas de albahaca o pesto y tomates al estilo *caprese*.

→ La patata se puede sustituir por boniato.

→ Puedes hacer patatas rellenas en vez de machacadas.

2 raciones

Patatas con brócoli y salsa de queso

sin gluten

Si el brócoli te parece aburrido, dale una oportunidad con esta receta. ¡Con patatas y esta salsa de queso lo vas a querer cenar cada noche!

Ingredientes

- 4 patatas medianas
- 1 brócoli pequeño
- 50 g de tacos de jamón
- 4 lonchas de queso curado
- Aceite de oliva virgen extra
- Sal
- Pimienta negra

Preparación

1. Cocina las patatas al microondas con piel durante 8 minutos a máxima potencia.
2. Una vez que estén listas, córtalas horizontalmente y dóralas en una sartén con aceite de oliva virgen extra.
3. Cuece el brócoli 3 o 4 minutos desde que el agua rompa a hervir, o durante 4 minutos a máxima potencia en el microondas.
4. En la sartén donde has preparado las patatas, incorpora los tacos de jamón junto con el brócoli hervido y previamente escurrido, y saltea unos minutos con unas gotitas de aceite de oliva virgen extra.
5. Salpimienta y emplata.
6. Funde las lonchas de queso al microondas en toques de 10 segundos y añade al plato.

Sustituciones y recomendaciones

→ Si lo prefieres, puedes hacer este plato sustituyendo el brócoli por coliflor, calabaza o calabacín.

→ Para la salsa de queso puedes usar queso crema fundido, que también quedará genial.

Sustituciones y recomendaciones

- → Puedes utilizar tomate frito si lo prefieres o no dispones de tiempo para hacer el sofrito casero.
- → Las patatas también puedes hacerlas hervidas, en el horno o en la freidora de aire.
- → Si quieres, puedes sustituir el tomate triturado por nata líquida.
- → Si quieres incorporar un poco de proteína a la receta, añádele un huevo cuando vayas a gratinar en el horno.

2 raciones

Canelón de patata gratinado

sin gluten / vegetariana

Este acompañamiento me ayudó a cocinarlo mi mejor amiga, María. Con ella aprendí muchas recetas cuando éramos pequeñas y sigo aprendiendo cada día. ¡Por muchas más recetas juntas, amiga del alma!

Ingredientes

- 2 patatas grandes (400 g)
- 200 g de tomate triturado
- 1 puñado de tomates cherri (10 unidades)
- 1 cucharada de queso rallado (20 g)
- Hojas de albahaca fresca
- Aceite de oliva virgen extra
- Orégano
- Pimienta negra
- Sal

Preparación

1. Lava muy bien las patatas, ya que las vamos a comer con piel.
2. Cocínalas en el microondas a máxima potencia, sin pelar ni cortar, unos 10 minutos aproximadamente hasta que estén blanditas.
3. Deja que se enfríen y córtalas en rodajas del mismo grosor.
4. En una fuente para horno con un chorrito de aceite de oliva virgen extra en la base, coloca las patatas una al lado de la otra longitudinalmente de forma vertical para simular la forma de un canelón.
5. Fríe el tomate triturado en una sartén con un chorrito de aceite de oliva virgen extra durante 10 minutos junto con el orégano, la pimienta y la sal, y viértelo sobre las patatas.
6. Añade en los laterales tomates cherri cortados por la mitad.
7. Incorpora una cucharada del queso rallado que más te guste por encima de las patatas.
8. Salpimienta y gratina unos 10 minutos a 180 °C con el horno precalentado.
9. Cuando se enfríe un poco, decora con unas hojitas de albahaca fresca al gusto.

Principales

en la cocina

¡Fantasía pura!

En este apartado encontrarás platos principales que son como el título del mismo: adictivos en cada bocado a la par que fáciles de hacer y con ingredientes sencillos que todos tenemos en casa. Te invito a que abras una página al azar y te dejes llevar con la primera receta que aparezca: todas son diferentes, pero están igual de sabrosas.

1 ración

Canelones de jamón cocido con calabacín

sin gluten

Estos canelones que tanto gustaron en mi cuenta de Instagram tenían que estar en este libro sí o sí, y es por eso que te los traigo, pero añadiendo de *topping* mi fruto seco favorito.

Ingredientes

- 3 lonchas de jamón cocido
- 3 lonchas de queso tierno
- ½ calabacín (aproximadamente)
- 1 lata de pechuga de pollo al natural
- Queso rallado al gusto
- 1 puñado de pistachos
- Aceite de oliva virgen extra
- Pimienta negra molida
- Sal

Preparación

1. Haz tiras de calabacín y sécalas muy bien con papel absorbente.
2. Escurre la lata de pechuga de pollo al natural.
3. Extiende las lonchas de jamón cocido y añade una loncha de queso, tres tiras de calabacín y una cucharada de pechuga de pollo, y cierra en forma de canelón.
4. En una fuente de horno engrasada con un poco de aceite de oliva virgen extra, pon los rollitos, salpimienta y agrega queso rallado al gusto por encima.
5. Cocina en la freidora de aire u horno durante 10 minutos aproximadamente a 185 °C hasta que el queso esté bien fundido.
6. Espolvorea los pistachos triturados.

Sustituciones y recomendaciones

→ Para hacer tiras de calabacín, ayúdate de un pelador de patatas y monda el calabacín a lo largo, ¡ya verás qué fácil!

→ Puedes sustituir la pechuga de pollo al natural por pavo, atún o salmón en lata.

→ Puedes ponerle tu fruto seco favorito por encima para darle un toque más crujiente.

→ Si quieres hacerla más ligera, no añadas el queso rallado por encima.

1 ración

Sartenada de atún

sin gluten / sin lactosa

Esta receta me recuerda a las típicas empanadillas de atún y tomate que solía comer cuando era pequeña. En este caso, he querido mantener el sabor del relleno y combinarlo con calabacín, que es otro ingrediente que me encanta.

Ingredientes

- 2 latas de atún
- 200 g de tomate triturado
- 1 cebolla mediana
- 1 calabacín grande
- 2 cucharadas de aceite de oliva virgen extra
- Sal
- Pimienta negra al gusto

Preparación

1. Pocha una cebolla cortada en daditos pequeños junto con una cucharada de aceite de oliva virgen extra.
2. Transcurridos cinco minutos aproximadamente, añade el tomate triturado y deja que haga chup chup unos seis minutos a fuego bajo hasta que la salsa espese.
3. Agrega las latas de atún bien escurridas, cocina un minuto más y finalmente salpimienta.
4. En paralelo, con la ayuda de un pelador de patatas o mandolina, haz tiras de calabacín y sécalas muy bien con papel absorbente.
5. En una sartén con una cucharada de aceite de oliva virgen extra saltea las tiras de calabacín medio minuto aproximadamente por cada lado. Las tiras de calabacín deben coger flexibilidad y quedar doraditas sin llegar a quemarse.
6. Para emplatar, comienza con un par de cucharadas del sofrito de tomate, cebolla y atún y luego incorpora las tiras de calabacín doraditas.

Sustituciones y recomendaciones

→ Lo ideal es añadir el atún al final del sofrito de tomate, tal y como dice la receta, para que no quede muy seco.

→ Si quieres darle un toque más cremoso a la receta, le puedes añadir una cucharadita de nata líquida o leche evaporada.

→ Hay otra opción para cocinar las tiras de calabacín: las puedes cocer durante 1 minuto una vez que el agua rompa a hervir. Después será necesario escurrirlas muy bien y pasarlas por la sartén para que acaben de expulsar toda el agua.

Sustituciones y recomendaciones

- → Es recomendable que el diente de ajo para el cremoso de queso feta esté previamente cocinado ya sea al horno, en la sartén o en la freidora de aire: aprovecha cuando ases las zanahorias para ponerlo y que se cocine también.
- → Si buscas que la receta sea más rápida de hacer, puedes sustituir el cremoso de queso feta por dos cucharadas de queso crema, y la quinoa la puedes servir cocida sin darle el toque crujiente (aunque te recomiendo que la pruebes así si dispones del tiempo).
- → Puedes sustituir las zanahorias por tomates cherri confitados (encontrarás la receta en la página 174).

2 raciones

Cremoso de queso feta con zanahorias asadas y quinoa crujiente

sin gluten / vegetariana

Estoy muy orgullosa de cómo me ha quedado esta receta que combina dos texturas en un mismo emplatado: por una parte, la base con queso feta le da un toque cremoso, mientras que la quinoa crujiente aporta contraste al plato.

Ingredientes para la base

- 150 g de queso feta
- 100 g de queso crema
- 1 diente de ajo
- 2 cucharaditas de aceite de oliva virgen extra

Para los *toppings*

- 4 zanahorias grandes
- 3 cucharaditas de aceite de oliva virgen extra
- Especias: ½ cucharadita de comino en polvo y 1 cucharadita de pimienta negra
- Sal al gusto
- 80 g de quinoa en crudo
- Opcional: hojas de perejil fresco

Preparación

1. Pincela las zanahorias con dos cucharaditas de aceite de oliva virgen extra mezclado con las especias mencionadas y la sal.
2. Cocina las zanahorias en la freidora de aire 18 minutos a 200 °C, y dales la vuelta cuando haya pasado la mitad del tiempo. También se pueden hacer en el horno precalentado durante 16 minutos a 200 °C.
3. Mientras tanto, hierve la quinoa el tiempo indicado según el fabricante (unos 15 o 20 minutos).
4. Prepara la base de la receta: para hacer el cremoso de queso feta, tritura todos los ingredientes de la base hasta que estén bien integrados.
5. Una vez que la quinoa esté cocida, llévala a la freidora de aire 10 minutos a 190 °C con una cucharadita de aceite de oliva virgen extra para que quede crujiente.
6. Emplata con la base de queso feta, la zanahoria asada cortada a mitades o cuartos, la quinoa crujiente y, por último, unas hojitas de perejil fresco picado.
7. Opcional: añade un chorrito de aceite de oliva virgen extra.

1 ración

Puré de boniato trufado con pata de pulpo

sin gluten

¿Buscas sorprender a tus comensales con un plato principal muy visual, exquisito y, sobre todo, sencillo de cocinar? ¡Entonces esta idea te va a venir genial!

Ingredientes

- 1 pata de pulpo cocida
- 1 boniato mediano
- 2-4 cucharadas de leche
- 1 cucharadita de mantequilla
- 1 cucharadita de salsa de trufa
- Aceite de oliva virgen extra
- Sal
- Pimienta negra
- Perejil fresco para decorar

Preparación

1. Cocina el boniato al microondas a máxima potencia unos 8 o 10 minutos aproximadamente (hasta que esté blandito).
2. Déjalo enfriar, pélalo, salpimiéntalo y tritúralo con la ayuda de una batidora de mano.
3. Incorpora la mantequilla derretida, la salsa de trufa y la leche caliente y bate de nuevo para integrar todos los ingredientes.
4. El pulpo, como ya viene cocido, solo tienes que calentarlo en la sartén 6 minutos con aceite de oliva virgen extra, o en el microondas 2 minutos.
5. Emplata y sirve con unas hojitas de perejil fresco para decorar.
6. Añade un chorrito de aceite de oliva virgen extra.

Sustituciones y recomendaciones

→ Si lo prefieres, puedes cambiar la patata por el boniato, ¡quedará igual de rico!

→ Si el pulpo no te gusta, lo puedes sustituir por un lomo de salmón o de bacalao.

→ Si no encuentras salsa de trufa, puedes hacer el puré sin ella.

1 ración

Revuelto exprés de coliflor

sin gluten / sin lactosa / vegana

Esta idea la preparo mucho para cenar porque es práctica, queda superrica y se cocina todo en la misma olla, por lo que no se ensucia casi nada. Todo son ventajas para que te animes a incorporar definitivamente la coliflor a tu alimentación.

Ingredientes

- ½ coliflor pequeña (250 g)
- 100 g de tomate triturado
- 1 puñado de piñones
- Aceite de oliva virgen extra
- Sal
- Pimienta negra
- Hojas de albahaca para decorar

Preparación

1. Cuece la coliflor. Una vez que el agua rompa a hervir son unos 6 u 8 minutos.
2. Escurre la coliflor y, en la misma olla, con un chorrito de aceite de oliva virgen extra, vierte el tomate triturado y deja que haga todo chup chup a fuego medio unos 6 minutos, hasta que la salsa espese.
3. Salpimienta y añade la coliflor.
4. Intégralo todo bien y agrega los piñones.
5. Opcional: decora con unas hojas de albahaca.

Sustituciones y recomendaciones

→ Si quieres que esta receta tenga un poco más de proteína, puedes incluir un huevo.

→ Si prefieres, puedes sustituir el tomate triturado por pisto para darle más consistencia a este plato tan ligerito.

→ Si no tienes piñones, cámbialos por cualquier otro fruto seco.

2 raciones

Hamburguesas exprés de atún

sin gluten

¿Te has quedado sin ideas para la comida o cena? Estoy segura de que en tu cocina encontrarás todos los ingredientes para preparar estas deliciosas y saludables hamburguesas exprés de atún. ¡El resultado es fantasía pura!

Ingredientes

- 2 huevos
- 3 latas de atún
- ¼ de cebolla
- 1 chorrito de leche (30 ml)
- 50 g de harina precocida de maíz
- Especias: 2 cucharaditas de perejil picado y 1 cucharadita de ajo en polvo
- 1 cucharadita de sal
- 1 cucharada de aceite de oliva virgen extra

Preparación

1. En un bol, bate dos huevos y añade las tres latas de atún bien escurridas.
2. Incorpora un cuarto de cebolla o cebolleta muy bien picada, un chorrito de leche, todas las especias, la sal y, por último, la harina precocida de maíz.
3. Remueve muy bien para que se integren todos los ingredientes y deja reposar un par de minutos.
4. Haz hamburguesas con la mano. Con estas cantidades salen cuatro unidades bien grandes.
5. En una sartén con una cucharada de aceite de oliva virgen extra, cocina las hamburguesas a fuego medio hasta que estén doraditas y tostadas por ambas caras.

Sustituciones y recomendaciones

→ Si quedan muy secas, añade un chorrito más de leche o bebida vegetal.

→ Si por el contrario están muy líquidas, añade una cucharadita más de harina precocida de maíz.

→ Puedes acompañar estas hamburguesas de unas buenas patatas crujientes, unos tomatitos cherri con orégano o tu ensalada favorita.

→ Puedes sustituir la harina precocida de maíz por pan rallado.

→ Si lo prefieres, cambia el atún por salmón al natural.

2 raciones

Judías con tomate y huevo duro

sin gluten / sin lactosa

Este plato me recuerda a los veranos en la Colonia de Sant Jordi, Mallorca, junto con mi amiga Pili. Allí Neus, la pareja de su padre, nos cocinaba platos saludables y muy variados, y yo me ponía siempre a su lado para aprender, apuntarlo todo en una libreta y luego enseñárselo a mi madre. ¡En esos veranos empecé a sentir una gran curiosidad por la cocina!

Ingredientes

- 400 g de judías verdes
- 1 cebolla grande
- 250 g de tomate triturado
- 2 cucharadas de aceite de oliva virgen extra
- 4 lonchas de jamón serrano
- 2 huevos duros
- Sal
- Pimienta negra al gusto
- Pimentón dulce al gusto

Preparación

1. Hierve por un lado las judías verdes entre 8 y 10 minutos.
2. En paralelo, en otra olla, cuece los huevos durante 12 minutos una vez que el agua empiece a hervir.
3. Corta la cebolla y póchala en una sartén con dos cucharadas de aceite de oliva virgen extra.
4. Añade el tomate triturado y deja que haga todo chup chup a fuego medio unos 6 minutos, hasta que la salsa espese.
5. Incorpora las lonchas de jamón a taquitos, remueve muy bien y agrega las especias y la sal.
6. Por último, echa las judías bien escurridas y ralla los huevos por encima.

Sustituciones y recomendaciones

→ Puedes sustituir las judías verdes por brócoli.

→ Si quieres hacer esta receta vegetariana, sustituye el jamón serrano por otra proteína vegetal.

→ El huevo lo puedes preparar duro, poché o a la plancha.

→ Un truco para pelar el huevo duro es introducirlo en un tarro de cristal con agua fría: agita fuerte, destapa el tarro, y ya verás como la cáscara se va despegando fácilmente.

2 raciones

Bolitas de pollo, espinaca y queso de cabra

sin gluten

Esta idea es perfecta para llevarla de excursión o para pasar el día fuera, ya que queda deliciosa tanto en frío como en caliente y, además, sacia muchísimo gracias a la harina precocida de maíz. ¡Espero que te animes a hacer un poco de magia con unas simples pechugas de pollo!

Ingredientes

- 160 g de pechuga de pollo
- 50 g de queso de cabra
- 70 g de espinaca fresca
- 1 huevo
- 2 cucharadas de harina precocida de maíz
- 2 cucharaditas de aceite de oliva virgen extra
- Sal
- Pimienta negra al gusto

Preparación

1. Tritura en una picadora manual la pechuga de pollo.
2. En una sartén con una cucharadita de aceite de oliva virgen extra, cocina las espinacas bien picadas hasta que ganen flexibilidad.
3. Mezcla en un bol todos los ingredientes: las pechugas de pollo bien picadas y el queso de cabra cortado en trozos pequeños, las espinacas ya pasadas por la sartén y bien escurridas, un huevo batido y, por último, las dos cucharadas de harina precocida de maíz.
4. Salpimienta y haz bolitas en forma de hamburguesa.
5. En la misma sartén donde has hecho las espinacas, dora las bolitas de pollo, queso de cabra y espinacas con una cucharadita de aceite de oliva virgen extra hasta que cojan color por ambas caras.

Sustituciones y recomendaciones

→ Puedes sustituir las espinacas por acelgas y la harina precocida de maíz por pan rallado.
→ Si la mezcla te queda muy seca, añade un huevo más. Si, por el contrario, queda muy líquida, añade más harina precocida de maíz o pollo picado.
→ También puedes cocinar estas bolitas en la freidora de aire 12 minutos a 180 °C.
→ Puedes hacer más cantidad y siempre tenerlas listas en el congelador para que, cuando las necesites, solo tengas que descongelarlas y cocinar.
→ Si no quieres ponerle queso, agrega 50 gramos más de pechuga de pollo.

Sustituciones y recomendaciones

- → Si decides hacer pesto casero, tritura 60 gramos de albahaca fresca sin los tallos, 30 gramos de piñones, 50 gramos de parmesano rallado, 1 diente de ajo picado y 40 mililitros de aceite de oliva virgen extra en una batidora de mano o picadora eléctrica y salpimienta. Si te queda muy líquido, añade más hojas de albahaca fresca y parmesano. Si, por el contrario, queda muy denso, añade un chorrito más de aceite de oliva virgen extra.
- → También puedes hacer esta receta con pisto para darle más consistencia al plato.
- → No olvides acompañar el plato con un buen trozo de pan tostado.

1 ración

Sartenada de champiñones con pesto y burrata

sin gluten / vegetariana

¡Con un buen sofrito casero de salsa de tomate se pueden hacer maravillas como esta! Seguro que tienes unos champiñones en la nevera esperando a que decidas cocinarlos; te propongo esta receta para que te animes a ello.

Ingredientes

- ½ cebolla
- 1 bandeja de champiñones (250 g)
- 100 g de tomate triturado
- ½ burrata
- 2 cucharadas de pesto
- Especias: 1 cucharadita de orégano y 1 cucharadita de pimienta negra molida
- Sal al gusto
- 3 cucharaditas de aceite de oliva virgen extra
- Opcional: hojas de albahaca fresca

Preparación

1. En una sartén, pocha la cebolla bien picadita con una cucharadita de aceite de oliva virgen extra. Cuando la cebolla esté dorada, añade el tomate triturado y las especias y deja que haga chup chup hasta que la salsa de tomate espese.
2. En paralelo, en otra sartén con dos cucharaditas de aceite de oliva virgen extra, cocina los champiñones durante 6 minutos aproximadamente.
3. Agrega la salsa de tomate que has cocinado a la sartén junto con los champiñones y remueve bien.
4. Por último, incorpora la burrata desmenuzada, el pesto bien repartido por la sartenada y salpimienta.
5. Opcional: decora con unas hojitas de albahaca fresca.

1 ración

Salmón gratinado con pistacho y espinacas cremosas

sin gluten

Esta forma de cocinar el salmón ha sido un gran descubrimiento en casa. Con queso crema, el salmón ya queda delicioso, pero si le añades el toque de pistachos, es espectacular. Yo lo he querido acompañar de espinacas cremosas porque son fáciles y rápidas de preparar, pero puedes innovar y acompañarlo de lo que más te guste.

Ingredientes para el salmón

- 1 lomo de salmón fresco
- 1 cucharada de queso crema
- 1 puñado de pistachos

Para las espinacas cremosas

- 4 puñados de espinacas (80 g)
- 1 cucharada de queso crema
- Especias: ajo en polvo, cebolla en polvo y pimienta negra
- Sal
- Aceite de oliva virgen extra

Preparación

1. Para preparar el salmón, empieza por secar bien la pieza con papel absorbente.
2. Pela los pistachos y tritúralos.
3. Mezcla la mitad de los pistachos triturados junto con una cucharada de queso crema.
4. Pon esta mezcla por encima de la pieza de salmón y cocínala en la freidora de aire 14 minutos a 140 °C o en el horno 12 minutos a 180 °C.
5. Cuando el salmón esté listo, espolvorea la otra mitad de los pistachos triturados.
6. En paralelo, rehoga las espinacas en una sartén con unas gotas de aceite de oliva virgen extra durante unos minutos.
7. Cuando hayan cogido flexibilidad, agrega las especias y la sal junto con la cucharada de queso crema, intégralo todo muy bien y espera a que el queso crema se funda con las espinacas.

Sustituciones y recomendaciones

- → Si no quieres o no puedes tomar lactosa, busca un queso crema sin lactosa.
- → Para triturar los pistachos, utiliza una minipimer o la base de un vaso.
- → Si lo prefieres, haz el salmón a la plancha y luego ponle la cucharada de queso crema fundido junto con los pistachos, aunque no quede gratinado.
- → Si no te gustan los pistachos, usa otro fruto seco.

Napolitanas de calabacín, queso y jamón cocido

1 ración

Estas napolitanas tan versátiles pueden ser un entrante de escándalo o una cena molona. Se hacen en un momento y las puedes rellenar de lo que más te guste.

Ingredientes

- 3 tortillas de trigo 100 % integral (para fajitas)
- 3 lonchas de queso
- 3 lonchas de jamón cocido o pavo
- ½ calabacín
- 1 huevo batido
- Semillas de sésamo
- Aceite de oliva virgen extra

Preparación

1. Corta el calabacín en tiras, sécalas muy bien con papel absorbente y dóralas en la sartén vuelta y vuelta con unas gotitas de aceite de oliva virgen extra.
2. En una tortilla de trigo integral, incorpora entre dos y tres tiras de calabacín, una loncha de queso y, por último, una loncha de jamón cocido o pavo.
3. Corta dos extremos opuestos de la tortilla de forma vertical para que quede recto por esos lados (si la tortilla fuese un reloj, corta del 2 al 4 y del 8 al 10) y ciérrala por las extremidades longitudinales.
4. Pincela con huevo batido y espolvorea semillas de sésamo.
5. Cocina en la freidora de aire 10 minutos a 190 °C. Es aconsejable darles la vuelta cuando les queden 3 minutos.

Sustituciones y recomendaciones

→ En el horno precalentado tardan 10 minutos a 185 °C.

→ Si eres amante del queso, puedes incluir más tipos para potenciar el sabor de este manjar. Prueba con un trocito de queso *brie* o de queso de cabra.

→ Si las quieres hacer más ligeras, rellena estas napolitanas solo con calabacín y lonchas de jamón cocido.

→ Sustituye el relleno, por lo que más te guste: pesto y pollo, pisto y sobrasada o espinacas y queso, por ejemplo.

2 raciones

Espinacas cremosas con pollo y calabaza

sin gluten

¿Buscas un plato resultón, completo y sin complicaciones? ¡Lo acabas de encontrar!

Ingredientes

- 1 pechuga de pollo
- 4 puñados de espinacas (80 g)
- 200 g de calabaza cortada
- 2 cucharadas de queso crema
- Parmesano rallado al gusto
- Mezcla de semillas (girasol, lino, calabaza y sésamo)
- Aceite de oliva virgen extra
- Sal
- Pimienta negra

Preparación

1. Cocina la calabaza cortada en trocitos pequeños al microondas durante 3 minutos a máxima potencia.
2. En una sartén con aceite de oliva virgen extra, saltea la pechuga de pollo cortada a daditos del mismo tamaño, añade la calabaza ya cocida unos minutos para que se dore, salpimienta y reserva.
3. En la misma sartén, incorpora las espinacas y, cuando cojan flexibilidad y reduzcan, añade dos cucharadas de queso crema y deja que se funda.
4. Emplata con las espinacas de base y añade el pollo junto con la calabaza.
5. Por último, incorpora un poco de mezcla de semillas y parmesano rallado al gusto.

Sustituciones y recomendaciones

→ Sustituye la calabaza por boniato si lo prefieres.

→ Si quieres hacer un plato más ligero, omite los quesos crema y parmesano.

→ Si lo quieres hacer vegetariano, añade tu proteína vegetal favorita en vez de pollo.

Sustituciones y recomendaciones

- Si quieres tardar menos en preparar las berenjenas y no usar tanto aceite, cocínalas primero en el microondas, ya cortadas en rodajas, durante 5 minutos a máxima potencia.
- Puedes omitir el paso del horno y calentar la fuente en el microondas para que el queso de cabra se funda.
- Para elaborar la pasta de dátil, deja en remojo dos o tres dátiles sin hueso con un chorrito de agua (si tienes prisa, puedes añadir agua caliente) y tritúralos. Si te gusta más líquida, puedes agregar más agua hasta conseguir la textura deseada. Si prefieres no usarla, puedes sustituirla por el endulzante que prefieras.
- Si no te gusta la cebolla caramelizada, puedes omitirla en la receta y disfrutar de los bocaditos de berenjena sin cebolla.

Bocados de berenjena

sin gluten

Estos bocaditos llenos de sabor duraron muy poco en la mesa cuando los preparé con Sergi después de una buena sesión de grabación de recetas. Aparte de que teníamos mucha hambre, nos fliparon porque combinan el toque caramelizado con el queso de cabra: ¡irresistible!

Preparación

1. Corta la berenjena en rodajas del mismo grosor.
2. Dóralas en una sartén con aceite de oliva virgen extra y resérvalas.
3. En paralelo, en una sartén con unas gotas de aceite de oliva virgen extra, sofríe el tomate triturado junto con las especias y la sal.
4. Prepara también la cebolla caramelizada: córtala en juliana y cocínala en una sartén a fuego bajo con un buen chorro de aceite de oliva virgen extra. Cuando esté bien pochada, incorpora una cucharada de pasta de dátil y remueve durante unos minutos hasta que ambos ingredientes estén bien integrados.
5. Monta los bocados: coge una rodaja de berenjena y añade una cucharadita de tomate triturado, un poquito de cebolla caramelizada, un trozo de jamón cocido, otro de queso de cabra y dobla la rodaja de berenjena en forma de taco presionando con los dedos los laterales de la rodaja.
6. Pon todos los lazos en una fuente de horno engrasada con unas gotas de aceite de oliva virgen extra y hornea con el horno precalentado 4 minutos a 200 °C o hasta que el queso de cabra esté bien fundido.
7. Opcional: espolvorea parmesano en polvo.

2 raciones

Ingredientes

- 1 berenjena (300 g)
- 200 g de tomate triturado
- Especias: albahaca, orégano, cebolla en polvo, ajo en polvo y pimienta negra
- Sal
- 1 cebolla
- 1 cucharada de pasta de dátil
- 2-3 lonchas de jamón cocido o pavo
- 1 trozo de queso de cabra (50 g)
- Aceite de oliva virgen extra
- Opcional: parmesano en polvo

2 raciones

Gnocchi con guisantes y queso feta

Mi objetivo en esta receta ha sido versionar los guisantes con jamón tan ricos que prepara mi madre para darles mi toque original: fácil y un poco quesero.

Ingredientes

- 1 paquete de *gnocchi* (400 g)
- 4 puñados grandes de guisantes congelados (80 g)
- 1 paquete de jamón serrano en dados (90 g)
- Queso feta al gusto
- Aceite de oliva virgen extra
- Sal
- Pimienta negra

Preparación

1. En una olla con agua hirviendo, incorpora los guisantes congelados y cuece 5 minutos.
2. Transcurridos los 5 minutos, añade los *gnocchi* y cocina hasta que floten (unos 3 minutos aproximadamente).
3. En una sartén con aceite de oliva virgen extra, saltea los taquitos de jamón un par de minutos.
4. Agrega los *gnocchi* y los guisantes previamente escurridos y dora en la misma sartén junto con el jamón.
5. Salpimienta y termina con un poquito de queso feta o el queso que más te guste.

Sustituciones y recomendaciones

→ Si prefieres, puedes hacer este plato con pasta.
→ Si los guisantes no te gustan, puedes sustituirlos por otra legumbre.
→ Si no comes carne, puedes sustituir el jamón por tu proteína vegetal favorita.
→ Puedes omitir el queso en esta receta.

1 ración

Alcachofas con burrata y huevo

sin gluten

La conserva de verdura que más me gusta tener en mi despensa son los corazones de alcachofa, porque añadiendo solo tres ingredientes más puedes conseguir un entrante tan brutal como este.

Ingredientes

- 1 bote de corazones de alcachofa (12 o 13 alcachofas pequeñas)
- 1 burrata
- 1 huevo
- 2 o 3 lonchas de jamón serrano
- Aceite de oliva virgen extra
- 1 cucharadita de pimentón dulce
- 1 cucharadita de pimienta negra
- Sal al gusto
- 1 puñado de nueces

Preparación

1. Cocina los corazones de alcachofa en una sartén con aceite de oliva virgen extra hasta que estén doraditos.
2. Añade a la sartén las lonchas de jamón cortadas a tacos, dóralas y resérvalo todo.
3. Para emplatar, desmenuza la burrata, agrega los corazones de alcachofa con jamón y el huevo (puedes decidir hacerlo poché o a la plancha).
4. Salpimienta e incorpora un puñado de nueces picadas y una cucharada de aceite de oliva virgen extra mezclado con pimentón dulce.

Sustituciones y recomendaciones

→ Para hacer el huevo poché, pon agua en una olla con un buen chorro de vinagre y, cuando esté a punto de hervir, remueve muy fuerte con una cuchara en círculos, casca el huevo en el centro y déjalo cocinar durante 3 minutos hasta que la clara cuaje. El vinagre ayudará a que el huevo mantenga su forma.

→ Si no tienes burrata, puedes hacerlo con otro queso cremoso.

→ Si quieres que la receta sea vegetariana, añade tu proteína vegetal favorita en lugar de jamón.

1 ración

Champiñones trufados con pistacho

sin gluten / vegetariana

He descubierto, gracias a la creación de contenido gastronómico, que una de mis debilidades es cocinar champiñones en sartén y acompañarlos de una salsa diferente. Me encanta sorprender a mis visitas con un buen plato de champiñones con salsa y estos son, sin duda, de los que más éxito han tenido hasta el momento.

Ingredientes

- 1 bandeja de champiñones (250 g)
- 80 ml de leche evaporada
- 1 cucharada de salsa de trufa (20 g)
- 1 puñado de pistachos
- 1 cucharada de parmesano rallado
- Aceite de oliva virgen extra
- Pimienta negra
- Sal al gusto

Preparación

1. En una sartén con aceite de oliva virgen extra, cocina los champiñones enteros bien lavados.
2. Cuando estén listos, añade la leche evaporada y la cucharada de salsa de trufa.
3. Deja que la salsa haga chup chup hasta que espese. Posiblemente necesites entre 8 y 10 minutos.
4. Salpimienta, agrega los pistachos pelados y bien troceados y un poco de parmesano rallado.

Sustituciones y recomendaciones

→ Puedes sustituir la salsa de trufa por salsa pesto tradicional o pesto *rosso*.

→ Si no tienes leche evaporada, puedes añadir nata líquida o dos cucharadas de queso crema.

→ Si lo prefieres, cambia el puñado de pistachos por otro fruto seco o tacos de jamón serrano.

2 raciones

Gratinado de berenjena

sin gluten

La cocina puede ser muy elaborada y complicada o puede ser simple y fácil. Esta receta me gusta mucho porque obtienes un resultado que es un acierto total con pasos muy sencillitos y sin necesidad de emplear muchos utensilios.

Ingredientes

- 1 berenjena grande
- 200 g de tomate triturado
- 2 latas de atún al natural
- 100 g de queso rallado
- Aceite de oliva virgen extra
- Especias: orégano y pimienta negra
- Sal

Preparación

1. Precalienta el horno a 180 °C.
2. Lava la berenjena y córtala en rodajas de 1 centímetro de grosor.
3. Pon las rodajas en un molde de horno engrasado con un poquito de aceite de oliva virgen extra para que no se peguen y asa 10 minutos a 180 °C.
4. Retíralas del horno e incorpora el tomate triturado.
5. Añade orégano, sal, pimienta negra y un chorrito de aceite de oliva virgen extra.
6. Incorpora las latas de atún bien escurridas.
7. Por último, agrega el queso rallado y hornea de nuevo unos 20 o 25 minutos.

Sustituciones y recomendaciones

→ Puedes utilizar calabacín en lugar de berenjena. Lo único que necesitas tener en cuenta es que el tiempo del horneado será menor.

→ Si buscas hacer una receta más proteica, cambia el queso por dos huevos.

→ Sustituye las latas de atún por salmón o pechuga de pollo al natural si lo prefieres.

→ Puedes usar pisto en vez de tomate triturado.

2 raciones

Wraps de pollo

¡Amante de las recetas ligeras, apúntate todos los ingredientes para preparar esta idea tan chula! El relleno cremoso gracias al queso fresco batido te va a venir genial para darle un toque sabroso a la receta.

Ingredientes

- 3 tortillas de trigo 100 % integral (para fajitas)
- ½ aguacate
- 1 huevo
- 1 lata de pavo o pechuga de pollo al natural
- 1 cucharada de queso fresco batido
- 1 tomate
- 6 hojas de lechuga o 3 puñados de rúcula
- Sal y pimienta negra al gusto

Preparación

1. En un bol, machaca con un tenedor el aguacate y combínalo con el pavo o pechuga de pollo al natural bien escurrido y el huevo duro bien picadito.
2. Añade una cucharada de queso fresco batido e integra bien. Salpimienta.
3. En una tortilla integral, pon como base unas hojas de lechuga o rúcula, 2 rodajas de tomate y una cucharada generosa de la mezcla.
4. Monta el burrito doblando la fajita con las dos manos de fuera hacia dentro (siguiendo las agujas del reloj, las 9 y las 3), y luego coge la parte de abajo (en el reloj serían las 6) y llévala también hacia el centro, para acabar enrollando el resto (hacia las 12).
5. Lleva a la sartén para dorarlo por cada lado durante unos 3-4 minutos.

Sustituciones y recomendaciones

→ Para preparar el huevo duro, cuécelo durante 12 minutos una vez que el agua empiece a hervir. Un truco para pelarlo es introducirlo en un tarro de cristal con agua fría: agita y ya verás como la cáscara se va despegando fácilmente.

→ Puedes sustituir el pavo o la pechuga de pollo al natural por atún o salmón en lata.

→ Si no tienes queso fresco batido, puedes cambiarlo por una cucharada de yogur griego natural o queso crema.

→ Si tienes dudas de cómo montar el burrito, ¡escríbeme!

Pastel exprés de calabacín

sin gluten

¡Posiblemente la receta que más personas han guardado de mi cuenta de Instagram! Sobre ella no he dejado de recibir mensajes positivos. ¡Ahora te toca a ti disfrutarla! Te prometo que no te va a dejar indiferente.

2 raciones

Ingredientes

- 1 calabacín grande
- 6 lonchas de jamón cocido
- 8 lonchas de queso tierno
- 3 cucharadas de parmesano en polvo
- Aceite de oliva virgen extra (recomendable en espray)

Preparación

1. Haz tiras de calabacín con la ayuda de un pelador.
2. Monta el pastel en un molde de horno o con papel de horno en la bandeja de la freidora de aire de la siguiente forma: en primer lugar, añade el calabacín en tiras (8 o 9) formando una cama. Continúa con jamón en lonchas, queso en lonchas y parmesano en polvo, y repite hasta formar todas las capas que quieras.
3. Por último, termina la última capa con tiras de calabacín, parmesano en polvo y un poquito de aceite de oliva virgen extra (si es en espray, mejor).
4. Cocina en la freidora de aire 15 minutos a 190 °C, o 20 minutos a 200 °C en el horno precalentado.

Sustituciones y recomendaciones

→ Te recomiendo secar las tiras de calabacín con papel absorbente, ya que contiene mucha agua y, si no lo haces, podría quedar un poco líquida la receta.

→ Puedes sustituir el jamón cocido por pollo mechado.

→ Si quieres hacer esta receta un poco más ligera, agrega más jamón cocido y menos queso.

→ Para hacer las tiras de calabacín, utiliza un pelador de patatas o una mandolina. Intenta no usar el tronco con pepitas del calabacín, ya que esa es la parte más líquida. Esa parte la puedes reservar para una crema de verduras.

2 raciones

Coliflor con bechamel de puerro

sin gluten

Si piensas que la coliflor es aburrida, te invito a que pruebes a cocinarla de esta forma porque no te imaginas lo que te va a sorprender. La bechamel que te propongo es simple y fácil de hacer, sin gluten y muy resultona.

Ingredientes

- 1 coliflor mediana
- 1 puerro
- 1 patata grande
- 300 ml (aproximadamente) de leche
- Aceite de oliva virgen extra
- *Toppings*: queso *mozzarella* rallado y jamón serrano
- Sal
- Pimienta negra al gusto

Preparación

1. Precalienta el horno a 200 °C.
2. Cuece la coliflor unos 5-6 minutos desde que el agua rompa a hervir.
3. Corta el puerro y dóralo en una olla con un poco de aceite de oliva virgen extra. Cuando esté pochado, incorpora la patata pelada y a trozos y cubre con leche.
4. Salpimienta y cocina hasta que la patata esté cocida (unos 20 minutos).
5. Tritura con la batidora.
6. En una fuente de horno previamente engrasada con aceite de oliva virgen extra, agrega la coliflor hervida y bien escurrida, así como la bechamel de puerro.
7. Añade también los *toppings* (queso y lonchas de jamón a tacos), sal y pimienta.
8. Gratina 15 minutos aproximadamente a 200 °C hasta que el queso esté fundido y dorado.

Sustituciones y recomendaciones

- → Puedes preparar la bechamel tanto con patata como con boniato, y acompañarla de otra verdura que tengas en casa, como coles de Bruselas o brócoli.
- → Si quieres hacer la receta vegetariana, elimina los tacos de jamón.
- → Si la quieres vegana, sustituye la leche por bebida vegetal y el queso por queso vegano.

2 raciones

Verduras cremosas

sin gluten / vegetariana

Para esta receta vale coger todas las verduras que tengas en la nevera y que no quieres que se pongan pochas. Te van a venir fenomenal para darles un toque cremoso, sabroso y muy asiático.

Ingredientes

- 6 champiñones
- ½ brócoli
- 1 calabacín
- 1 zanahoria
- 2 huevos
- 60 ml de leche evaporada
- 1 o 2 cucharaditas de curri o *tikka masala*
- Pimienta negra
- Sal al gusto
- Aceite de oliva virgen extra

Preparación

1. En una sartén con aceite de oliva virgen extra, pocha las verduras bien cortaditas.
2. Una vez que estén doradas, añade la leche evaporada y deja que haga chup chup hasta que espese. Tardará unos 6 minutos aproximadamente.
3. Incorpora el curri o la especia que más te guste (por ejemplo, *garam masala* o *tikka masala*), salpimienta e integra bien.
4. Agrega los huevos poché o a la plancha y, por último, un chorrito de aceite de oliva virgen extra.

Sustituciones y recomendaciones

→ Puedes elaborar esta receta con cualquier verdura.

→ La consistencia de las verduras debe ser cremosa, pero no muy líquida.

→ La zanahoria la corté en tiras con la ayuda de un pelador.

→ Si quieres hacer la receta vegana, sustituye la leche evaporada por leche de coco y no le pongas huevo.

→ Si no te gusta o no tienes curri ni *tikka masala*, puedes usar pimentón o comino.

→ Para hacer el huevo poché, pon agua en una olla con un buen chorro de vinagre y, cuando esté a punto de hervir, remueve muy fuerte con una cuchara en círculos, casca el huevo en el centro y déjalo cocinar durante 3 minutos hasta que la clara cuaje. El vinagre ayudará a que el huevo mantenga su forma.

1 ración

Sartenada de corazones de alcachofa

sin gluten

Ingredientes

- ½ cebolla (100 g)
- 1 diente de ajo
- 1 bote de corazones de alcachofa en conserva (de 10 a 12 unidades)
- 1 paquete de jamón en tacos (50 g)
- Aceite de oliva virgen extra
- Sal
- Pimienta negra
- Parmesano rallado al gusto

Como digo en todas las recetas con alcachofa, es mi verdura en conserva favorita. Podría preparar esta receta cada semana y no me cansaría de disfrutarla. ¡Espero que tú también la disfrutes!

Preparación

1. En una sartén con una cucharada de aceite de oliva virgen extra, dora la cebolla cortada finita junto con el diente de ajo bien picado un par de minutos.
2. Añade el bote de alcachofas escurridas y dóralas hasta que cojan color.
3. Por último, salpimienta y agrega los tacos de jamón.
4. Cocina un par de minutos más y espolvorea parmesano rallado al gusto.

Sustituciones y recomendaciones

→ Si prefieres hacer esta receta sin carne, puedes añadirle un huevo poché o a la plancha.

→ También podrías añadir, si buscas darle un toque más cremoso, un poco de sofrito de tomate o nata líquida.

→ Si quieres hacer esta receta más saciante, puedes añadir unos trozos de burrata desmenuzada.

1 ración

Champiñones con salsa parmesana

sin gluten / vegetariana

¿A quién le gusta tener siempre en casa una cuña de queso parmesano? Si has levantado la mano, prueba esta receta deliciosa con un toque de parmesano. No olvides tener el pan a mano para poder disfrutar de la salsita como se merece.

Ingredientes

- 1 bandeja de champiñones (250 g)
- 1 diente de ajo
- 1 puñado de tomates cherri (100 g)
- 2 puñados de espinacas (40 g)
- 80 ml de leche evaporada
- 1 cucharada de parmesano en polvo (25 g)
- 1 cucharada de aceite de oliva virgen extra
- Sal
- Pimienta negra al gusto

Preparación

1. En una sartén con aceite de oliva virgen extra y un diente de ajo bien picadito, cocina los champiñones enteros previamente lavados.
2. Añade los tomates cherri también lavados y enteros, así como las hojas de espinaca.
3. Cuando las espinacas hayan cogido flexibilidad, incorpora la leche evaporada y la cucharada de parmesano en polvo.
4. Deja que la salsa haga chup chup hasta que espese. Es posible que necesites entre 8 y 10 minutos.
5. Salpimienta y decora con un poco más de parmesano en polvo o rallado.

Sustituciones y recomendaciones

→ Si no tienes leche evaporada, puedes usar 50 ml de nata líquida o leche de coco, o dos cucharadas de queso crema.

→ Si quieres, puedes acompañar esta receta de unas pechugas de pollo o lomos de salmón.

→ Opcional: agrega también unos frutos secos como *topping*.

2 raciones

Salmón con espárragos y patatas machacadas

sin gluten / sin lactosa

Uno de los pescados que siempre tengo en el congelador son lomos de salmón. Me encanta hacerlos a la plancha y combinarlos con patatas y verduras. Si te cuesta comer pescado, ¡intenta buscar recetas que te motiven a cocinarlo!

Ingredientes para el salmón

- 2 lomos de salmón
- 2 cucharaditas de aceite de oliva virgen extra
- 1 chorrito de limón y un poco de su ralladura
- 1 cucharadita de perejil picado
- Sal
- Pimienta negra al gusto

Para el acompañamiento

- 1 manojo de espárragos (250 g)
- 12 patatas pequeñas (200 g)
- 3 cucharaditas de aceite de oliva virgen extra
- 1 cucharadita de pimentón
- Sal al gusto
- 25 ml de agua

Preparación

1. Cocina las patatas bien lavadas con piel en el microondas unos 7 minutos. Después, cháfalas con la base de un vaso y pincélalas con dos cucharaditas de aceite de oliva virgen extra mezclado con el pimentón y la sal.
2. Hornéalas en la freidora de aire 8 o 10 minutos a 190 °C, o hazlas en la sartén, para que queden crujientes.
3. Quita la parte dura a los espárragos y saltéalos con una cucharadita de aceite de oliva virgen extra. Una vez que estén doraditos, añade 25 ml de agua para acabar de cocinarlos, y espera a que se evapore y queden blanditos.
4. Haz a la plancha los lomos de salmón con un poquito de aceite de oliva virgen extra.
5. Prepara en un bol dos cucharaditas de aceite de oliva virgen extra, un chorrito de limón, un poco de ralladura de limón, sal, pimienta negra y una cucharadita de perejil picado.
6. Cuando los lomos de salmón estén dorados, vierte la salsa por encima y cocina unos minutos a fuego medio.
7. Para emplatar, coloca a modo de base las patatas machacadas, seguidas de los espárragos y, por último, los lomos de salmón.

Sustituciones y recomendaciones

- → Si prefieres, sustituye las patatas machacadas crujientes por puré de patata.
- → Si no te gustan los espárragos, puedes cambiarlos por espinacas cremosas (en la página 108 descubrirás cómo hacerlas).
- → Si no tienes salmón, podrías hacer esta receta con cualquier otra carne o pescado.

1 ración

Quesadilla de pollo y calabacín

Siempre intento tener todos los ingredientes de esta receta en casa para, si me quedo sin ideas, poder hacer algo simple, saludable y sabroso. Esta receta lleva las tres eses que nunca fallan.

Ingredientes

- 2 tortillas de trigo 100 % integral (para fajitas)
- ½ calabacín
- 1 huevo
- 2 lonchas de queso
- 1 lata de pechuga de pollo al natural
- 1 puñado de queso emmental rallado (40 g)
- Aceite de oliva virgen extra
- Sal
- Pimienta negra

Preparación

1. Corta el calabacín en rodajas y cocina en una sartén con un chorrito de aceite de oliva virgen extra por ambas caras durante 6 o 7 minutos.
2. Cuando tengas las rodajas de calabacín listas, añade un huevo batido salpimentado por encima y deja que cuaje durante 2 o 3 minutos. Si tapas la sartén, el huevo tardará menos en cuajar.
3. Agrega las lonchas de queso y, cuando esté fundido, pon una tortilla de trigo integral.
4. Dale la vuelta e incorpora la pechuga de pollo al natural bien escurrida y un puñado de queso emmental rallado.
5. Deja que se funda y coloca la tortilla integral restante encima.
6. Gira de nuevo la quesadilla para que la última tortilla que has puesto se dore.
7. Emplata y corta en las porciones que tú quieras.

Sustituciones y recomendaciones

→ Puedes sustituir la pechuga de pollo por una lata de atún o salmón al natural.

→ Si no quieres abusar del queso (aunque la receta es una quesadilla) elimínalo y añade en su lugar dos huevos.

→ Puedes cambiar el calabacín por berenjena y agregar un poquito de sofrito de tomate.

Rellenos

Las recetas con ingredientes rellenos de otros son siempre un acierto, ya que combinar varios sabores es un auténtico espectáculo para el paladar. En este apartado encontrarás varias ideas de rellenos, ¡combínalos de la forma que prefieras!

THE STRONGEST CARPETS FOR HARD WEAR
THE ABINGDON
JOHN CARTER

2 raciones

Calabacines rellenos con salsa de pimientos

sin gluten

Ideas simples pero deliciosas son las que disfruto cocinando y compartiendo contigo. En la cocina suelo recurrir mucho al calabacín por la infinidad de variaciones que nos ofrece.

Ingredientes

- 1 calabacín grande
- 1 lata de atún
- ½ cebolla
- 2 trozos de pimiento rojo asado (50 g)
- 2 cucharadas de queso crema (40 g)
- 1 cucharada de aceite de oliva virgen extra
- Sal
- Pimienta negra
- Opcional: hojas de perejil fresco

Preparación

1. Corta el calabacín crudo en láminas gruesas; a mí me salieron 4 láminas de unos 0,5 centímetros cada una.
2. Prepara el relleno: tritura el pimiento rojo previamente asado y sin piel junto con el queso crema, la pimienta negra, la sal y el aceite de oliva virgen extra.
3. Una vez que tengas la mezcla, añade media cebolla muy bien picadita y la lata de atún bien escurrida. Integra bien todos los ingredientes del relleno.
4. Reparte la mezcla por encima de cada lámina de calabacín y colócalas sobre papel de horno.
5. Cocina 20 minutos a 180 °C con el horno precalentado o 16 minutos a 180 °C en la freidora de aire.
6. Opcional: decora con un poco de perejil fresco bien picado.

Sustituciones y recomendaciones

→ Te recomiendo que seques muy bien las láminas de calabacín con papel absorbente, ya que sueltan mucha agua.

→ En esta receta no es necesario pelar el calabacín.

→ Puedes sustituir el calabacín por berenjena, pero necesitarás el doble de ingredientes para hacer el relleno y tener la berenjena cocinada con anterioridad.

2 raciones

Tomates rellenos de ricotta y atún

Ingredientes

- 3 tomates grandes
- 2 latas de atún
- 100 g de *ricotta*
- ¼ de cebolla morada
- 1 puñado de queso rallado
- Especias: albahaca seca y pimienta negra
- Sal
- Aceite de oliva virgen extra
- Opcional: hojitas de perejil fresco

sin gluten

¡Que levante la mano a quien le guste el queso *ricotta*! Siempre diré que la *ricotta* combina genial con berenjena y con tomate: así que aquí tienes una demostración.

Preparación

1. Corta la parte superior del tomate y vacía el interior en un bol.
2. Trocea el relleno del tomate en cuadraditos, y mezcla con el atún bien escurrido, el queso *ricotta*, la cebolla morada bien picadita, un poquito de sal, pimienta negra y la albahaca seca.
3. Introduce la mezcla de nuevo en el tomate y añade un poco de queso rallado por encima.
4. En un recipiente adecuado, cocina los tomates rellenos en la freidora de aire 16 minutos a 180 °C, o 15 minutos a 185 °C con el horno precalentado.
5. Agrega un chorrito de aceite de oliva virgen extra y decora con unas hojitas de perejil fresco.

Sustituciones y recomendaciones

→ Puedes vaciar el tomate con la ayuda de un cuchillo o una cuchara.
→ Recomiendo usar un tomate que sea firme y no esté maduro.
→ Puedes sustituir el atún por salmón o pechuga de pollo al natural.
→ Lo puedes emplatar en versión tomate relleno o colocarlos sobre un plato de pasta.

MACCLESFIELD.
BRITISH
SCHOOL
COMPLETE COURSE OF
Kelly's TREES
KELLY BROS

Berenjenas rellenas de salmón

sin gluten

A menudo cocino las berenjenas en el microondas porque se tarda menos tiempo, quedan blanditas y no hace falta consumir una gran cantidad de aceite. Además, acompañarlas con salmón y queso crema es una excelente combinación.

2 raciones

Ingredientes

- 1 berenjena
- 1 lata de salmón al natural
- 1 huevo
- 1 cucharada de queso crema
- 1 cucharada de queso rallado
- Sal
- Pimienta negra
- Opcional: hojitas de albahaca y 1 puñadito de tomates cherri

Preparación

1. Corta la berenjena por la mitad y cocínala al microondas durante 6 minutos a máxima potencia.
2. Una vez que esté lista, vacía la berenjena y mete el relleno bien cortadito en un bol.
3. Incorpora la lata de salmón al natural bien escurrido, el huevo batido y una cucharada de queso crema.
4. Salpimienta y remueve muy bien.
5. Rellena las berenjenas con la mezcla y añade un poquito de queso rallado por encima de cada mitad de berenjena.
6. Cocina en la freidora de aire 7 minutos a 190 °C, u 8 minutos a 185 °C en el horno previamente precalentado.
7. Opcional: decora con hojitas de albahaca y tomates cherri cortados por la mitad como acompañamiento.

Sustituciones y recomendaciones

→ Puedes sustituir el salmón al natural por bonito del norte, pechuga de pollo o atún.

→ Si lo prefieres, puedes usar salsa de tomate en vez de queso crema.

→ También podrías hacer esta receta usando un calabacín grande.

→ Si no quieres usar freidora de aire u horno para esta receta, una vez que tengas la berenjena rellena, la puedes terminar de cocinar de nuevo en el microondas para que el queso se funda unos 3 o 4 minutos a máxima potencia.

2 raciones

Boniato relleno de salmón y queso de cabra

sin gluten

Ingredientes

- 1 boniato grande
- 1 aguacate
- 60 g de queso de cabra
- 2 latas de salmón al natural
- Aceite de oliva virgen extra
- Sal
- Pimienta negra al gusto
- Opcional: Hojas de perejil fresco

¡Creo que el boniato es un ingrediente infravalorado! La patata, en la mayoría de casos, se lleva todo el protagonismo (y muchas veces con razón), pero el boniato queda genial en muchísimas recetas. Te animo a que lo pruebes relleno de salmón y queso de cabra.

Preparación

1. Pon el boniato sin pelar encima de un plato y cocínalo en el microondas durante 10 minutos aproximadamente (el tiempo dependerá del tamaño del boniato, puedes revisarlo a los 7 minutos). Una vez que esté cocinado, déjalo enfriar para poder cortarlo por la mitad y retirar la pulpa.
2. En un bol añade la pulpa del boniato, un aguacate machacado, el queso de cabra y las dos latas de salmón bien escurridas. Salpimienta y agrega un chorrito de aceite de oliva virgen extra.
3. Rellena el boniato con la mezcla.
4. Opcional: decora con unas hojitas de perejil fresco.

Sustituciones y recomendaciones

→ Puedes sustituir el salmón al natural por latas de atún o de bonito del norte.
→ Si lo prefieres, usa queso feta en vez de queso de cabra.
→ Puedes cambiar el boniato por un par de patatas grandes.
→ El boniato lo puedes hacer en el horno o en la freidora de aire.

Sustituciones y recomendaciones

- Si no tienes queso *ricotta*, le puedes añadir queso crema.
- Si quieres hacer esta receta más ligera, no le añadas *ricotta*.
- Si decides hacer pesto casero, tritura 60 g de albahaca fresca sin los tallos, 30 g de piñones, 50 g de parmesano rallado, 1 diente de ajo picado y 40 ml de aceite de oliva virgen extra en una batidora de mano o picadora eléctrica y salpimienta. Si te queda muy líquido, añade más hojas de albahaca fresca y parmesano. Si por el contrario queda muy denso, añade un chorrito más de aceite de oliva virgen extra.
- Si prefieres comprar el pesto, intenta evitar aquellos que contengan aceites vegetales.

2 raciones

Calabacines rellenos con pesto y pollo

sin gluten

Si existiera un club de fans del calabacín, ¡yo estaría de las primeras sin ninguna duda! Si, además, lo acompañas de ingredientes sabrosos como el queso *ricotta* o el pesto, ¡el resultado es indescriptible!

Ingredientes

- 2 calabacines medianos
- 4 filetes de pechuga de pollo
- 4 cucharadas de queso *ricotta* (100 g)
- 2 cucharadas de pesto (50 g)
- Sal
- Pimienta negra al gusto
- Aceite de oliva virgen extra
- Opcional: queso parmesano rallado

Preparación

1. Lava y seca bien los calabacines. Córtalos longitudinalmente en dos y vacíalos con la ayuda de una cuchara (la pulpa la puedes usar para una crema u otra receta).
2. Cocina los calabacines con un chorrito de aceite de oliva virgen extra sobre papel de horno en la freidora de aire 15 minutos a 200 °C, o 15 minutos a 180 °C en el horno precalentado.
3. En paralelo, en una sartén con unas gotas de aceite de oliva virgen extra saltea las pechugas de pollo cortadas a cuadraditos pequeños y salpimienta.
4. Añade el relleno a los calabacines: pollo, pesto y queso *ricotta*.
5. Asa 3 minutos más a 200 °C en la freidora de aire o a 180 °C en el horno.
6. Opcional: agrega un poco de queso parmesano rallado.

Viajando por el mundo

Uno de los motivos por los cuales me apasiona viajar, además de conocer lugares y culturas nuevas, es probar la gastronomía de allá donde vaya. En este apartado darás una pequeña vuelta al mundo a través del estómago y de los sentidos. ¿Me acompañas?

2 raciones

Pollo con hummus y mi toque árabe

sin gluten / sin lactosa

¿Conoces el *ras el hanout*? Es una combinación de hasta 20 especias (cúrcuma, curri, pimienta negra, comino, cilantro, jengibre...) que probé por primera vez en Marruecos con mi amiga Nidia y me encantó. ¡Esta receta se la dedico a ella y a todas las aventuras que vivimos juntas en ese maravilloso viaje!

Ingredientes

- 1 pechuga de pollo
- 200 g de calabaza cortada
- 100 g de hummus
- ½ cebolla
- Aceite de oliva virgen extra
- Especias: pimentón dulce, *ras el hanout*, perejil y escamas de pimentón
- Sal al gusto

Preparación

1. Cocina la calabaza cortada en trocitos pequeños al microondas durante 3 minutos a máxima potencia.
2. Trocea la pechuga de pollo en dados o tiras y añade *ras el hanout* y pimentón dulce. Reserva en un bol unos minutos.
3. Corta la cebolla en juliana y pocha con aceite de oliva virgen extra durante 2 o 3 minutos.
4. Incorpora el pollo y saltea 4 minutos más, hasta que esté dorado.
5. Añade la calabaza ya cocida unos minutos para que se acabe de cocinar y agrega la sal.
6. Para emplatar, sobre una cama de hummus pon el pollo especiado con la cebolla y la calabaza.
7. Decora con hojitas de perejil, un poquito de pimentón dulce y escamas de pimentón (opcional).

Sustituciones y recomendaciones

→ Puedes sustituir la calabaza por boniato y el pollo por proteína vegetal.
→ Si no tienes *ras el hanout*, puedes mezclar comino con pimentón dulce.

2 raciones

Tinga de zanahoria

sin gluten / sin lactosa / vegana

Ingredientes

- 1 diente de ajo
- 1 cebolla mediana
- 3 zanahorias grandes
- 200 g de tomate frito
- 4 tortillas de maíz
- ½ aguacate
- Especias: 2 cucharaditas de chile chipotle en polvo (o pimentón picante), 1 cucharadita de pimienta negra y 1 cucharadita de orégano
- 1 cucharadita de sal
- 2 cucharadas de aceite de oliva virgen extra
- Opcional: perejil chino o normal

Esta receta la probé por primera vez en un mexicano en Barcelona y pregunté si me podían explicar cómo se hacía para prepararla en mi casa. Recuerdo que compré por primera vez el chile chipotle y no calculé bien las cantidades de picante. ¡Te puedes imaginar cómo me quedó la lengua!

Preparación

1. Pocha la cebolla cortada en juliana y el diente de ajo con una cucharada de aceite de oliva virgen extra.
2. Una vez que cojan color, incorpora las zanahorias en láminas. Añade una cucharada más de aceite de oliva virgen extra cuando la zanahoria lo vaya pidiendo.
3. Cuando ya tenga flexibilidad y se haga más pequeña, echa dos cucharaditas de chile chipotle y el tomate frito.
4. Agrega el resto de las especias y la sal y deja cocinar a un fuego más bajo durante 6-8 minutos hasta conseguir la textura deseada.
5. Emplata con unas tortillas de maíz calentitas y crujientes y con aguacate de acompañamiento.
6. Opcional: coloca unas hojitas de perejil fresco de decoración.

Sustituciones y recomendaciones

→ Para hacer las láminas de zanahoria, puedes utilizar un pelador de patatas.

→ En lugar de tomate frito puedes sofreír tomate triturado en una sartén con una cucharadita de aceite de oliva virgen extra. Asegúrate de añadirlo una vez que esté frito para que la zanahoria mantenga su textura más dura y crujiente.

→ Si no te gusta el picante, sustituye el chile chipotle por pimentón dulce.

2 raciones

Pollo caprese

sin gluten

Esta forma de preparar el pollo te salva cualquier cena, se hace en cuestión de minutos y el sabor de la *mozzarella* fundida con pesto es delicioso.

Ingredientes

- 1 pechuga de pollo fileteada
- 1 bola de *mozzarella*
- 2 cucharadas de pesto
- Tomates cherri al gusto
- Aceite de oliva virgen extra
- 1 cucharada de virutas de parmesano
- Especias: ajo y cebolla en polvo, orégano, albahaca y pimienta negra
- Sal
- Opcional: ensalada de acompañamiento

Preparación

1. Opcional: en un plato hondo con un chorrito de aceite de oliva virgen extra añade todas las especias y la sal, remueve y deja las pechugas de pollo ya fileteadas reposar en la mezcla 10 minutos. De esta forma conseguirás que el pollo tenga más sabor y quede más jugoso.
2. En una sartén a fuego medio, cocina las pechugas de pollo a la plancha.
3. Incorpora la *mozzarella* fresca cortada en rodajas y bien escurrida encima de las pechugas de pollo y deja que se empiece a fundir.
4. Añade una cucharadita de pesto por filete de pechuga de pollo con *mozzarella*.
5. Emplata y termina con los tomatitos cherri cortados en cuartos, unas cuantas virutas de parmesano y un poquito de pimienta negra por encima de las pechugas.

Sustituciones y recomendaciones

→ Acompaña esta receta con tu ensalada favorita; en mi caso, con hojas de espinaca, tomates cherri y virutas de parmesano.

→ Si no tienes *mozzarella*, le puedes poner queso en lonchas.

→ Si no comes carne, puedes sustituir las pechugas de pollo por un calabacín.

2 raciones

Curri de gambas y mango

sin gluten / sin lactosa

Quizás pienses: «pero Alba, ¿cómo se te ocurre combinar gamba con mango?». Mi respuesta es que esta es una de mis combinaciones favoritas, como el atún con fresa. Si aún no lo has probado, ¡vas tarde!

Ingredientes

- 200 g de gambas o langostinos pelados
- ½ mango
- 1 cebolla
- 200 ml de leche de coco
- 2 cucharadas de tomate triturado (20 g)
- Aceite de oliva virgen extra
- Sal
- Pimienta negra
- 100 g de arroz basmati (de acompañamiento)
- Opcional: almendras picadas y hojas de cilantro o perejil fresco

Preparación

1. Cocina las gambas o langostinos con un chorrito de aceite de oliva virgen extra 3 o 4 minutos aproximadamente a fuego medio y reserva.
2. En la misma sartén, pocha una cebolla cortada en juliana unos minutos.
3. Añade el tomate triturado y la leche de coco, salpimienta y deja que haga chup chup durante 5 minutos aproximadamente.
4. Agrega un cuarto de mango triturado y un cuarto en daditos pequeños y cocina unos 5 minutos a fuego medio.
5. Incorpora las gambas y cocina 2 minutos más.
6. Termina con los *toppings*: almendras picadas (o cualquier fruto seco) y hojitas de perejil fresco bien picado, y emplata con el arroz de acompañamiento.

Sustituciones y recomendaciones

→ Las gambas las puedes sustituir por pollo, Heura o soja texturizada.
→ Puedes cambiar el arroz de acompañamiento por garbanzos.
→ Si no te gusta encontrar trocitos de mango, tritúralo.
→ Usa los frutos secos que más te gusten.

Sustituciones y recomendaciones

- → Si no consumes carne, puedes sustituir la pechuga de pollo por tofu marinado usando las especias mencionadas para el pollo.
- → Si el picante te sienta mal, puedes omitir el chile en polvo y el *garam masala*.

2 raciones

Butter chicken

sin gluten

Esta receta la probamos de la mano de nuestro gran amigo (y también supercocinillas) Sito; nos teletransportó al norte de la India y pasó a ser uno de nuestros platos favoritos. El *butter chicken* a los paladares poco entrenados al picante les resulta muy agradable, ya que es bastante suave en comparación con otros platos hindúes.

Preparación

1. Corta las pechugas de pollo en cuadraditos no muy grandes, añade las especias y la sal, remueve bien y dora (sin cocinar por completo) en una sartén con aceite de oliva virgen extra. Reserva.
2. En la misma sartén, pocha la cebolla cortada en juliana con una cucharada de mantequilla.
3. Incorpora los tomates troceados con piel y los anacardos y deja que se cocinen unos minutos.
4. Agrega agua hasta que cubra todos los ingredientes.
5. Echa las especias para la salsa.
6. Deja que haga chup chup durante 15 o 20 minutos. Si la mezcla te queda muy espesa, añade un poco más de mantequilla; si por el contrario queda muy líquida, deja que haga chup chup unos minutos más.
7. Tritura la mezcla (si quieres puedes pasarla por un colador) y devuélvela a la sartén junto con una cucharada de mantequilla y el pollo, e intégralo todo bien unos minutos.
8. Opcional: decora con hojitas de perejil y acompaña con arroz basmati.

Ingredientes para el pollo

- 1 pechuga de pollo
- Especias: 1 cucharadita de comino, 1 cucharadita de ajo en polvo, ½ cucharadita de jengibre molido, ½ cucharadita de pimentón dulce y 1 cucharadita de chile en polvo
- Sal
- Aceite de oliva virgen extra

Para la salsa

- 1 cebolla morada (o normal)
- 2 cucharadas de mantequilla
- 2 tomates maduros grandes
- 1 puñado de anacardos (30 g)
- Agua (200 ml aproximadamente)
- Especias: 1 cucharadita de ajo en polvo, 1 cucharadita de *garam masala* y 1 cucharadita de chile en polvo
- Opcional: 100 g de arroz basmati (de acompañamiento) y hojas de perejil fresco

Garbanzos tikka masala

2 raciones

Ingredientes

- 200 gr de garbanzos cocidos
- 100 ml de leche de coco
- 1 cebolla mediana
- 50 g de espinaca fresca o congelada
- 1 puñado de tomates secos (10 g)
- Especias: 2 cucharaditas de *tikka masala*, 1 cucharadita de comino, ½ cucharadita de jengibre en polvo y pimienta negra
- Sal al gusto
- Aceite de oliva virgen extra
- 100 g de arroz basmati (de acompañamiento)

sin gluten / sin lactosa / vegana

Estos garbanzos pueden ser la receta que más hemos cocinado Sergi y yo del libro. Un pedacito de esta receta se la dedico a mi querida amiga Pili, ya que gracias a ella conozco la especia *tikka masala*.

Preparación

1. Pocha la cebolla cortada en juliana en una sartén con aceite de oliva virgen extra.
2. Cuando esté dorada, incorpora las espinacas y espera a que se integren bien ambos ingredientes.
3. Añade los garbanzos escurridos y los tomates secos bien cortados.
4. Por último, agrega la leche de coco, las especias y la sal y deja que todo haga chup chup durante 6 minutos aproximadamente.
5. Acompaña con arroz basmati.

Sustituciones y recomendaciones

→ Puedes combinar las especias que más te gusten.

→ Si quieres que tenga un sabor aún más picante, echa una cucharadita adicional de *tikka masala*.

→ Si no tienes leche de coco, puedes usar leche evaporada o nata líquida.

Sustituciones y recomendaciones

→ Para hacer el huevo poché, pon agua en una olla con un buen chorro de vinagre y, cuando esté a punto de hervir, remueve muy fuerte con una cuchara en círculos, casca el huevo en el centro y déjalo cocinar durante 3 minutos hasta que la clara cuaje. El vinagre ayudará a que el huevo mantenga su forma.

→ Puedes sustituir el puré de patata por otro puré, como, por ejemplo, de boniato o calabaza.

→ Si quieres, puedes sustituir las espinacas por acelgas o col.

Puré de patata asiático

sin gluten / vegetariana

¿Buscas una idea muy completa y saciante? Este puré de patata con un toque asiático puede ser lo que estás buscando gracias a la salsa de soja. Por cierto, esta receta se la dedico a Sergi, mi pareja, como buen amante del puré de patata que es.

Preparación

1. Para el relleno: lamina los champiñones bien lavados y póchalos en una sartén con aceite de oliva virgen extra junto con la cebolla cortada en juliana.
2. Cuando estén dorados, incorpora las hojas de espinacas frescas bien lavadas y escurridas.
3. Una vez que hayan ganado flexibilidad, agrega la salsa de soja, remueve bien y sube el fuego.
4. Deja que la salsa se evapore.
5. Por último, añade las semillas de sésamo tostado, un poquito de sal y pimienta negra al gusto.
6. En paralelo, prepara el puré de patata y el huevo poché o a la plancha.
7. Para el puré de patata: cuece las patatas con piel durante 15 minutos en agua hirviendo. Deja que se enfríen y pélalas. En un bol, machácalas con un tenedor, pasapuré o pisapatatas e incorpora la mantequilla para que se derrita con el calor y la leche previamente calentada. Salpimienta y remueve bien hasta conseguir la textura deseada. Si lo haces de sobre, sigue las instrucciones de la caja.
8. Emplata el puré de patata como base, añade nuestro relleno con espinaca y champiñones y por último, remata el plato con el huevo poché o a la plancha.

2 raciones

Ingredientes

- 1 cebolla mediana
- ½ bandeja de champiñones (6 unidades aproximadamente)
- 4 puñados de espinacas (80 g)
- 2 huevos
- 2 cucharadas de salsa de soja (25 ml)
- 1 cucharada de aceite de oliva virgen extra
- Sal
- Pimienta negra
- Semillas de sésamo para decorar

Para el puré de patata

- 2 patatas grandes
- 40 ml de leche
- 20 g de mantequilla
- Pimienta negra
- Sal

2 raciones

Albóndigas con mi toque árabe

sin gluten / sin lactosa

Desde que viajé a Marruecos y probé muchos de sus platos tradicionales, he incorporado el *ras el hanout* (una mezcla de especias que contiene pimienta negra, comino, cardamomo, nuez moscada, canela, pimentón, jengibre...) a mi alimentación. Creo que les da un toque delicioso a muchos platos; entre ellos, a estas sabrosas albóndigas.

Ingredientes

- 12 albóndigas
- 3 huevos
- 100 g de tomate triturado
- Aceite de oliva virgen extra
- Especias: 1 cucharadita de *ras el hanout*, 1 cucharadita de comino en polvo, 1 cucharadita de pimentón, 1 cucharadita de perejil y 1 cucharadita de pimienta negra
- Sal al gusto

Preparación

1. Fríe las albóndigas en una sartén con tres cucharadas de aceite de oliva virgen extra y resérvalas.
2. En la misma sartén, cocina 5 minutos el tomate triturado junto con las especias y la sal.
3. Casca los huevos, añádelos y tapa para que se cocinen aproximadamente 5 minutos.
4. Por último, incorpora las albóndigas y espolvorea un poco de perejil picado.

Sustituciones y recomendaciones

→ Puedes sustituir las albóndigas por otro tipo de carne que te guste más.

→ Si no tienes *ras el hanout*, añade un poco de comino.

→ Si lo prefieres, cocina los huevos en paralelo y luego ponlos encima de las albóndigas.

→ Si quieres hacer la receta vegetariana, sustituye las albóndigas por Heura o tofu.

Fajipizzas

Las *fajipizzas* son el invento que me ha salvado más de una cena: ¡casi cualquier ingrediente es bienvenido! Solo tienes que darle rienda suelta a tu imaginación y completar tu tortilla integral con aquellos ingredientes que más te gusten. Si necesitas un poco de inspiración, ¡aquí te traemos unas cuantas!

Sustituciones y recomendaciones

- → Si quieres tardar menos en preparar las berenjenas y no usar tanto aceite, cocínalas primero en el microondas, cortadas en rodajas, durante 5 minutos a máxima potencia.
- → Puedes sustituir la berenjena por calabacín.
- → Si no tienes *ricotta*, ponle otro queso y quedará igual de rico.
- → Si tienes tomate frito, lo puedes poner directamente sin necesidad de sofreírlo.
- → Te recomiendo hacer más cantidad de salsa de tomate con especias y así ya la tienes para unas tostadas o un buen plato de pasta.
- → Usa tortillas de maíz si quieres hacer esta receta sin gluten.

2 raciones

Fajipizza de berenjena, ricotta y nueces

vegetariana

¡Las opciones para preparar *fajipizzas* son infinitas! A mí me encanta hacerlo con ingredientes simples que tengo en la nevera: salen combinaciones tan espectaculares como esta.

Ingredientes

- 1 berenjena
- 200 g de tomate triturado
- 2 cucharadas de queso *ricotta*
- 1 puñado de nueces picadas
- 2 tortillas de trigo 100 % integral (para fajitas)
- Aceite de oliva virgen extra
- Especias: 1 cucharadita de orégano, 1 cucharadita de albahaca seca y 1 cucharadita de pimienta negra molida
- Sal al gusto
- Opcional: queso parmesano y hojitas de albahaca fresca

Preparación

1. En una sartén con un chorrito de aceite de oliva virgen extra, cocina el tomate triturado junto con la sal y todas las especias mencionadas. Deja que haga chup chup durante 10 minutos hasta que se evapore el agua y la salsa de tomate coja la textura deseada.
2. Corta las berenjenas en rodajas del mismo grosor.
3. Cocínalas con aceite de oliva virgen extra y resérvalas.
4. Monta la *fajipizza*: en primer lugar, tuesta la tortilla integral en una sartén y añade el sofrito de tomate casero.
5. Incorpora las rodajas de berenjena y una cucharada de queso *ricotta*. Tapa unos minutos.
6. Agrega las nueces picadas.
7. Opcional: espolvorea un poco de parmesano rallado y decora con unas hojitas de albahaca fresca.

1 ración

Fajipizza de calabacín y gambas

Ingredientes

- 1 tortilla de trigo 100 % integral (para fajitas)
- 100 g de gambas o langostinos
- 1 cucharada de queso crema
- ¼ de calabacín
- Aceite de oliva virgen extra
- Sal
- Pimienta negra al gusto
- Opcional: pimienta aleppo o escamas de pimentón

Ya que te encuentro en esta receta, quiero agradecerte que estés leyendo este libro que hemos escrito con tanto cariño, y también recomendarte que tengas siempre en tu despensa tortillas para hacer *fajipizza*. ¡Me lo agradecerás, hazme caso!

Preparación

1. Con la ayuda de un pelador de patatas o mandolina haz tiras de calabacín y sécalas muy bien con papel absorbente.
2. En una sartén con un chorrito de aceite de oliva virgen extra cocínalas medio minuto aproximadamente por cada lado. Las tiras de calabacín deben coger flexibilidad y quedar doradas sin llegar a quemarse. Resérvalas.
3. En la misma sartén, saltea un par de minutos las gambas o langostinos descongelados y pelados.
4. Calienta la tortilla de trigo integral en una tostadora o sartén y añade los ingredientes por este orden: queso crema, tiras de calabacín, gambas o langostinos, sal y pimienta negra.
5. Opcional: si le quieres dar un toque picante, le puedes poner pimienta aleppo o escamas de pimentón.

Sustituciones y recomendaciones

→ Seca bien las tiras de calabacín ya que sueltan mucha agua.
→ Las gambas las puedes sustituir por otra fuente de proteína.
→ Si no tienes queso crema, le puedes poner un par de lonchas de queso y esperar a que se funda.
→ Si lo prefieres, sustituye el calabacín por aguacate.

FURNISH YOUR HOUSE WITH
TOILET SET
DINNER SET
SEMI PORCELAIN
ROYALE

Fajipizza trufada con huevo

1 ración

Me encanta ir a comer fuera y coger ideas para luego recrearlas en casa de forma fácil y sin complicaciones. Esta es una de las ideas que cogí de un italiano y que quise versionar en formato *fajipizza*. ¡El resultado habla por sí solo!

Ingredientes

- 1 tortilla de trigo 100 % integral (para fajitas)
- 1 huevo
- 1 cucharada de nata líquida
- 1 cucharadita de salsa de trufa
- 2-3 lonchas de jamón serrano
- Queso parmesano rallado al gusto
- Pimienta negra

Preparación

1. Calienta una tortilla de trigo integral en una sartén.
2. Añade por encima una cucharada de nata líquida previamente mezclada con una cucharadita de salsa de trufa.
3. Agrega un huevo a la plancha, lonchas de jamón serrano y unas virutas de queso parmesano sobre la tortilla.
4. Por último, pon un poco de pimienta negra recién molida.

Sustituciones y recomendaciones

→ Puedes sustituir la nata líquida por queso crema.
→ Si lo prefieres, puedes añadir un huevo poché.
→ Si no tienes salsa de trufa, puedes darle un toque distinto con hojitas de albahaca fresca o frutos secos como pistachos.

2 raciones

Fajipizza de hummus y tomate cherri confitado

vegetariana

Si el emplatado de esta receta ya es fantástico, espérate a probarla. Los tomates cherri confitados los preparamos mucho en casa y los servimos en tostadas para desayunar, en un plato de pasta para comer o en esta maravillosa y colorida *fajipizza* para cenar.

Ingredientes

- 2 tortillas de trigo 100 % integral (para fajitas)
- Hummus tradicional (o consulta la receta de *humshuka* en la página 19)
- ½ calabacín
- 2 ramilletes de tomates cherri (150 g)
- Queso feta (20 g aprox.)
- Especias: 1 cucharadita de tomillo, 1 cucharadita de orégano en polvo, 1 cucharadita de albahaca en polvo y 1 cucharadita de pimienta negra
- Sal
- Aceite de oliva virgen extra
- Hojas de albahaca para decorar

Preparación

1. Cocina el hummus y confita los tomates cherri. Para ello, lávalos y sofríelos en una sartén con un chorrito de aceite de oliva virgen extra, sal y las especias mencionadas durante unos 20 minutos aproximadamente a fuego lento.
2. En paralelo, haz tiras de calabacín con la ayuda de un pelador y pásalas por la sartén con aceite de oliva virgen extra medio minuto aproximadamente por cada lado. Ya verás que cogen flexibilidad en cuestión de segundos.
3. Calienta la tortilla de trigo en una sartén para que coja rigidez y quede más crujiente.
4. Para emplatar, comienza con dos o tres cucharadas de hummus, unas tiras de calabacín, los tomates cherri, queso feta desmenuzado al gusto y hojas de albahaca para decorar.

Sustituciones y recomendaciones

→ Puedes usar los tomates confitados para otras recetas, como en una ensalada con canónigos y queso de cabra.

→ Puedes omitir el queso para hacerla vegana.

Huevos y tortillas

Como fan incondicional de los huevos en todos sus formatos en la cocina, te traigo un pequeño apartado con varias ideas: desde la clásica tortilla de patatas (con un toque trufado), hasta una *frittata* de alcachofas riquísima. ¡No vas a saber por cuál empezar!

2 raciones

Huevos turcos trufados

sin gluten / vegetariana

Siempre pensé que no había mejor combinación que la burrata con el huevo, hasta que decidí añadir salsa de trufa para rematar y me pareció insuperable.

Ingredientes

- 1 burrata
- 1 cucharada de salsa de trufa (20 g)
- 2 huevos
- Sal
- Pimienta negra
- Un chorrito de aceite de oliva virgen extra
- 1 puñado de pistachos

Preparación

1. En primer lugar, cocina los huevos, ya sea poché o a la plancha.
2. En paralelo, con la ayuda de unas varillas, machaca la burrata e integra con una cucharada de salsa de trufa.
3. Remueve muy bien y emplata esta mezcla como base de la receta en un plato.
4. Añade los dos huevos.
5. Por último, incorpora pistachos pelados y a trocitos, así como un chorrito de aceite de oliva virgen extra y salpimienta.

Sustituciones y recomendaciones

→ Para hacer el huevo poché, pon agua en una olla con un buen chorro de vinagre y, cuando esté a punto de hervir, remueve muy fuerte con una cuchara en círculos, casca el huevo en el centro y déjalo cocinar durante 3 minutos hasta que la clara cuaje. El vinagre ayudará a que el huevo mantenga su forma.

→ Si no tienes burrata, puedes usar queso crema o cualquier otro queso cremoso. Si tienes trufa fresca, puedes añadir unas láminas si lo prefieres.

→ Otra idea de presentación es servirlos encima de unas tostadas crujientes. ¡El resultado es fantasía pura!

2 raciones

Frittata de alcachofas y burrata

Ingredientes

- ½ calabacín
- 100 g de corazones de alcachofa (10-12 unidades)
- 2 huevos
- 1 cucharada de queso emmental rallado (20 g)
- 2 lonchas de jamón serrano
- ¼ de burrata
- 1 cucharada de aceite de oliva virgen extra
- Sal
- Pimienta negra al gusto

sin gluten

Me encantan las alcachofas, y más aún cuando las combino con otro de mis ingredientes favoritos: el calabacín. ¡Esta receta que te propongo lo tiene todo para ser tu cena perfecta!

Preparación

1. En una sartén con una cucharada de aceite de oliva virgen extra, pocha medio calabacín cortado a daditos.
2. Una vez que esté listo, añade los corazones de alcachofa escurridos.
3. Cocina ambos ingredientes unos minutos hasta que estén bien dorados y agrega dos huevos batidos.
4. Salpimienta e incorpora el queso rallado. Tapa con una tapadera unos minutos para que el huevo se cocine y el queso se funda.
5. Por último, incorpora la proteína que más te guste, como jamón serrano, y unas cucharaditas de burrata.

Sustituciones y recomendaciones

→ Si lo prefieres, puedes hacer esta *frittata* solo con calabacín o solo con corazones de alcachofa.

→ Añádele el queso que más te guste, aunque te recomiendo que intentes ponerle burrata porque queda delicioso.

→ Si quieres hacer esta receta vegetariana, agrégale tu proteína vegetal favorita en vez del jamón.

Sustituciones y recomendaciones

- → Si no te gusta la cebolla, no la añadas.
- → Si tienes trufa fresca, ralla un poco y agrégala a la mezcla.
- → Si lo prefieres, cocina la patata directamente en la sartén. Solo te hará falta más aceite de oliva virgen extra.
- → Hay personas que prefieren la tortilla de patatas más cuajada; en ese caso, aumenta el tiempo de cocción y baja un poco el fuego para que se cuaje bien por dentro sin quemarse por fuera.

2 raciones

Tortilla de patatas trufada

sin gluten / sin lactosa / vegetariana

Una de las recetas que tuve claro que quería cocinar desde que me propusieron escribir este libro fue, sin duda, mi tortilla de patatas trufada: ¡uno de mis platos estrella que toda mi familia y amigos han probado en muchas ocasiones!

Ingredientes

- 3 patatas grandes
- 1 cebolla grande
- 6 huevos
- 1 o 2 cucharadas de salsa de trufa
- Aceite de oliva virgen extra
- Agua
- Sal
- Pimienta negra

Preparación

1. Lava, pela y corta las patatas en cuadraditos pequeños.
2. Ponlas en un bol o plato hondo, cubre con agua (a la misma altura que la patata) y cocina en el microondas a máxima potencia 10 o 15 minutos. Puedes hacer pausas cada cinco minutos para que no se caliente el plato más de la cuenta. La patata debe absorber gran parte del agua.
3. En paralelo, pocha la cebolla cortada a daditos con dos cucharadas de aceite de oliva virgen extra unos 6 minutos y reserva.
4. Cuando la patata esté lista, escúrrela, pásala a la sartén y dórala con dos cucharadas de aceite de oliva virgen extra para que la tortilla salga más jugosa.
5. En un bol bate los huevos, añade la cebolla pochada, la salsa de trufa y la patata ya lista, salpimienta y deja reposar durante 4 o 5 minutos.
6. Calienta una sartén con dos cucharadas de aceite de oliva virgen extra a fuego medio/alto.
7. Agrega la mezcla y deja que se cocine durante 1 o 2 minutos, según lo cuajada que la quieras.
8. Da la vuelta con la ayuda de un plato o tapadera y cocina 1 o 2 minutos por la otra cara.

2 raciones

Tortilla de boniato y queso

sin gluten / vegetariana

Marchando una tortilla diferente a la que acostumbras a ver. Con un toque dulzón y un buen queso fundido, esta tortilla, muy rica desde el punto de vista nutricional, ¡se puede convertir en una de tus favoritas!

Ingredientes

- 1 boniato grande
- 1 cebolla grande
- 5 huevos
- 3 lonchas de queso emmental
- Aceite de oliva virgen extra
- Sal
- Pimienta negra al gusto

Preparación

1. Coloca el boniato sin pelar encima de un plato y ásalo durante 10 minutos aproximadamente en el microondas a máxima potencia (el tiempo dependerá del tamaño del boniato, te recomiendo que lo revises a los 7 minutos).
2. Una vez que esté listo, déjalo enfriar para poder pelarlo y hacerlo puré con la ayuda de un tenedor.
3. Corta en cuadraditos la cebolla y sofríela con dos cucharadas de aceite de oliva virgen extra. Una vez que esté pochada, retírala del fuego.
4. Mezcla en un bol los huevos batidos, la cebolla pochada y el puré de boniato. Salpimienta.
5. Deja que la mezcla repose al menos 2 minutos.
6. Calienta la sartén con dos cucharadas de aceite de oliva virgen extra a fuego medio/alto.
7. Añade la mitad de la mezcla y deja que cuaje durante 1 minuto. Agrega las lonchas de queso emmental y el resto de la mezcla de tortilla.
8. Pasados 2 minutos más, da la vuelta y cocina por la otra cara. El tiempo dependerá de lo cuajada que la quieras.

Sustituciones y recomendaciones

- → Si no le quieres añadir queso o cebolla a tu tortilla, omite estos ingredientes.
- → El boniato también lo puedes cocinar en el horno o en la freidora de aire.
- → En lugar de queso emmental puedes utilizar un buen queso semicurado.

Tortilla de espinacas gourmet

sin gluten

¡Te comparto uno de mis secretos en la cocina! En casa siempre suelo tener un paquete de espinacas, ya sea fresco o congelado, y cuando no tenemos tiempo o ganas de preparar una cena elaborada siempre recurrimos a esta receta. La catalogamos con las tres eses: ¡saludable, sencilla y sabrosa!

1 ración

Ingredientes

- 2 huevos
- 2 puñados de espinacas (40 g)
- 3 lonchas de queso edam
- 3 lonchas de jamón cocido
- 3 tomates cherri
- Aceite de oliva virgen extra
- Especias: pimienta negra, ajo en polvo, cebolla en polvo y orégano
- Sal

Preparación

1. En una picadora de mano añade la espinaca, los huevos, la sal y las especias que más te gusten y pícalo todo.
2. Incorpora la mezcla a una sartén engrasada con un poco de aceite de oliva virgen extra y cocina 1 o 2 minutos.
3. Opcional: tapa para que se cocine antes la mezcla.
4. Cubre la tortilla con las lonchas de queso, las de jamón cocido y los tomates cherri cortados a rodajas y cocínala un par de minutos más.
5. Una vez que el queso esté fundido, espolvorea el orégano y emplata.

Sustituciones y recomendaciones

→ Si quieres que esta idea sea vegetariana, elimina el jamón cocido y añade tu proteína vegetal favorita.

→ Si lo prefieres, puedes sustituir el jamón cocido por jamón serrano o una lata de pechuga de pollo o pavo.

→ Puedes cambiar las espinacas por acelgas o hacer la tortilla solo con huevos y después ponerle por encima del queso fundido un manojo de rúcula.

Ensaladas

Muchas veces, cuando pensamos en la palabra *ensalada*, la primera imagen que se nos viene a la mente es una hoja de lechuga. Vamos a demostrarle a nuestra imaginación que está equivocada: prepararemos unas cuantas ensaladas llenas de proteína, verdura o carbohidratos, pero, sobre todo, ¡llenas de sabor y color!

Ensalada de gnocchi

vegetariana

Estas son las recetas que me salvan entre semana cuando no hago *batch cooking*, es casi la hora de dormir y no tengo el táper de mañana listo. La puedes comer templada o fresquita y es una opción ideal para llevarla de excursión, a la oficina o en verano a la playa.

Preparación

1. Hierve los *gnocchi* hasta que floten en la superficie.
2. Mezcla el aceite de oliva virgen extra con las especias y la sal para la salsa y reserva.
3. En paralelo, lamina los tomates cherri bien lavados, corta el aguacate a dados y escurre las bolas de *mozzarella*.
4. Añade todos los ingredientes en un bol y remueve muy bien.
5. Por último, agrega el aceite especiado.
6. Opcional: espolvorea un poco de queso parmesano en polvo.

Sustituciones y recomendaciones

→ Puedes sustituir los *gnocchi* por tu pasta favorita.
→ Si prefieres, cambia la *mozzarella* por burrata.
→ Para darle más consistencia a esta idea, ponle una lata de atún o salmón al natural.
→ Puedes añadirle unas cucharadas de mix de semillas para darle un toque crujiente.

2 raciones

Ingredientes

- 500 g de *gnocchi*
- 150 g de tomates cherri (10 tomates)
- 1 aguacate
- 1 paquete de bolas pequeñas de *mozzarella* o 1 única bola grande (150 g)
- Hojitas de albahaca fresca

Para la salsa

- 2 cucharadas de aceite de oliva virgen extra
- 1 cucharadita de pimienta negra
- 1 cucharadita de orégano
- 1 cucharadita de pimentón dulce
- 1 cucharadita de sal
- Opcional: queso parmesano

2 raciones

Ensalada de patata, edamame y salmón

sin gluten

¡Anímate a versionar la típica ensaladilla rusa y prueba cómo combinan los ingredientes que te propongo yo! Te va a sorprender, se convertirá en tu receta preferida para los días de mucho calor.

Ingredientes

- 2 patatas monalisa grandes
- 2 latas de salmón al natural
- ½ aguacate
- 1 puñado de edamame (60 g)
- 2 cucharadas de queso fresco batido
- Aceite de oliva virgen extra
- Sal
- Pimienta negra
- Hojas de albahaca para decorar

Preparación

1. Cocina las patatas entre 20 y 30 minutos desde que el agua rompa a hervir, o al microondas 10 o 12 minutos aproximadamente, hasta que estén blanditas. Pélalas y córtalas en cuadraditos del mismo tamaño.
2. Cuece también los edamame unos 4 minutos aproximadamente y desenváinalos.
3. Escurre dos latas de salmón.
4. Trocea el aguacate.
5. Mezcla todos los ingredientes, añade queso fresco batido o queso crema y, por último, salpimienta.
6. Incorpora un chorrito de aceite de oliva virgen extra y decora con unas hojitas de albahaca.

Sustituciones y recomendaciones

→ Puedes sustituir el salmón por atún o caballa al natural.

→ Puedes añadirle huevo duro picado en vez de edamame si lo prefieres.

1 ración

Ensalada de bacalao desalado y naranja

sin gluten / sin lactosa

¡Esta receta se la dedico a una persona muy especial para mí! Aunque yo la llame «angelito», su nombre es Paqui: es la madre de mi mejor amiga, y en alguna de las infinitas veces que he ido a su casa a comer me ha preparado una ensalada de bacalao y naranja que en este libro tenía que salir con mi toque personal.

Ingredientes

- 5 patatas *baby* (100 g)
- ½ naranja
- 100 g de bacalao desalado
- ¼ de granada
- Hojas de perejil fresco
- Aceite de oliva virgen extra
- Sal
- Pimienta negra

Preparación

1. Cuece las patatas con piel 6 minutos aproximadamente desde que el agua rompa a hervir, o a máxima potencia al microondas 6 minutos hasta que estén blanditas.
2. Desgrana la granada y pela y corta la naranja en trocitos pequeños.
3. Para emplatar, añade las patatas cortadas por la mitad, la naranja, la granada y el bacalao en un mismo plato, salpimienta, añade un chorrito de aceite de oliva virgen extra y decora con perejil bien picado.

Sustituciones y recomendaciones

→ Para desgranar la granada, un buen truco es cortarla por la mitad y darle golpes con la cuchara en la cáscara para que vayan cayendo los granos.

→ Si lo prefieres, puedes usar patatas monalisa o boniato.

→ Si no te gusta el bacalao, prueba a sustituirlo por otro pescado que te guste más.

→ La naranja le da un buen toque, pero no abuses de ella para no quitarle protagonismo al resto de los ingredientes.

→ Si quieres innovar aún más, puedes preparar una vinagreta de naranja, miel y mostaza.

2 raciones

Ensalada de garbanzos y naranja

sin gluten / sin lactosa / vegana

¡Adoro las naranjas! En zumo, en recetas o tal cual. Esta receta se la quiero dedicar a mi amiga Bárbara por los veranos tan maravillosos en Mallorca, donde recién levantadas nos íbamos a sus naranjos, cogíamos un par de naranjas deliciosas y empezábamos el día con risas y vitamina.

Ingredientes

- 150 g de garbanzos cocidos
- 150 g de arroz integral y quinoa (75 g de cada)
- 1 naranja
- 1 aguacate
- ½ granada
- Hojas de perejil fresco
- Aceite de oliva virgen extra
- Sal
- Pimienta negra

Preparación

1. Cuece el arroz integral junto con la quinoa el tiempo que indique el fabricante.
2. Lava y escurre los garbanzos ya cocidos.
3. Pela la naranja y el aguacate y córtalos en dados pequeños.
4. Desgrana la granada y pica las hojas de perejil fresco.
5. Emplata con los garbanzos, la quinoa y el arroz en la base y luego incorpora el resto de los ingredientes.
6. Salpimienta, añade un chorrito de aceite de oliva virgen extra y remueve bien.

Sustituciones y recomendaciones

→ Para desgranar la granada, un buen truco es cortarla por la mitad y darle golpes con la cuchara en la cáscara para que vayan cayendo los granos.

→ Hay *packs* de quinoa y arroz integral ya cocido que para ocasiones puntuales vienen genial.

→ Si quieres, puedes sustituir el garbanzo por lenteja.

→ Si lo prefieres, puedes elegir arroz o quinoa únicamente.

→ Si la naranja no te gusta, ¡añádele mango! Ya verás qué rico.

2 raciones

Ensalada de lentejas con brócoli

sin gluten / sin lactosa / vegetariana

Este plato sirve para hacer frente a la típica excusa de «no tengo tiempo de cocinar», ya que es una idea rápida de hacer, saludable y muy nutritiva. El toque de comino te encantará.

Ingredientes

- 300 g de lentejas cocidas
- ½ brócoli pequeño
- 2 puñados de edamame
- 2 huevos duros
- 1 zanahoria mediana
- 1 rábano
- 2 cucharadas de aceite de oliva virgen extra
- 2 cucharaditas de comino
- Sal
- Pimienta negra

Preparación

1. Cuece los huevos 12 minutos desde que el agua rompa a hervir.
2. Cuando les queden 5 minutos a los huevos, añade los edamame.
3. Pela los huevos y desenvaina los edamame.
4. Cocina el brócoli, ya sea en la sartén, al vapor, en la freidora de aire o al horno.
5. En un bol mezcla todos los ingredientes: lentejas ya cocidas y bien escurridas, tallos muy pequeñitos de brócoli, edamame pelados, huevo duro rallado, láminas de rabanitos y la zanahoria pelada y cortada.
6. Por último, salpimienta, mezcla el aceite de oliva virgen extra con la especia que quieras, en mi caso comino en polvo, y agrégalo.

Sustituciones y recomendaciones

→ Si lo prefieres, puedes preparar esta ensalada con garbanzos o con arroz, te quedará igual de rica.

→ Para pelar el huevo duro, un truco es meterlo en un tarro con agua fría, cerrarlo y agitarlo bien fuerte unos segundos. Abre el tarro, saca el huevo y ya verás con qué facilidad se pela la cáscara.

2 raciones

Ensalada de manzana cabramelizada

sin gluten / vegetariana

Combina tu ensalada favorita con estas manzanas con un toque caramelizado acompañadas de queso de cabra. Son fáciles de hacer y quedan espectaculares.

Ingredientes para las manzanas caramelizadas

- 2 manzanas
- 2 cucharadas de pasta de dátil (3 dátiles)
- 60 g de queso de cabra

Para la ensalada

- 2 puñados de canónigos o rúcula (20 g)
- 1 puñado de tomates cherri (5 unidades)
- 1 puñado de nueces al gusto
- Semillas de sésamo
- Aceite de oliva virgen extra

Preparación

1. Pela las manzanas, córtalas por la mitad y vacíalas un poco.
2. Pon el queso de cabra encima de cada trozo de manzana y cubre con una cucharadita de pasta de dátil por trozo.
3. Para hacer la pasta de dátil, corta los dátiles por la mitad, quítales el hueso y déjalos en remojo con un chorrito de agua. Cuando estén blandos, tritúralos y listo.
4. Hornea durante unos 15 o 20 minutos a 180 °C con el horno precalentado, o 18 minutos a 180 °C en la freidora de aire.
5. Acompaña de ensalada. Puedes prepararla con canónigos o rúcula, tomates cherri, nueces, semillas de sésamo y un chorrito de aceite de oliva virgen extra.

Sustituciones y recomendaciones

→ Puedes sustituir la manzana por pera y el queso de cabra por queso gorgonzola.

→ Otra opción sería ponerle melocotón con queso *ricotta*.

→ Del mismo modo, si no tienes pasta de dátil, puedes cambiarla por tu endulzante favorito.

1 ración

Ensalada de mango y salmón

sin gluten

Estos ingredientes son muy versátiles y tienen muchas formas de presentación. En este caso he montado una ensalada, pero puedes hacer la receta en tostada o incluso a modo de brochetas.

Preparación

1. Corta el calabacín en rodajas y, posteriormente, cada rodaja por la mitad.
2. Trocea la mitad de un mango en daditos del mismo tamaño.
3. Cocina el calabacín en una sartén con un chorrito de aceite de oliva virgen extra.
4. Monta la ensalada con el calabacín y el mango, bolitas de *mozzarella* bien escurridas, trocitos de salmón ahumado, un chorrito de aceite de oliva virgen extra, salpimienta y decora con semillas de sésamo.

Ingredientes

- 1 calabacín mediano
- 75 g de bolas de *mozzarella*
- ½ mango
- 75 g de salmón ahumado
- Aceite de oliva virgen extra
- Pimienta negra al gusto
- Semillas de sésamo negro
- Sal

Sustituciones y recomendaciones

→ Puedes sustituir las bolas de *mozzarella* por otro tipo de queso cremoso como la burrata.

→ Si no tienes salmón ahumado, utiliza un lomo de salmón o unas gambas.

→ Opcional: añade un poco de aguacate a la ensalada.

→ Si quieres, prepara una vinagreta dulce con miel y mostaza o añade un poquito de salsa de soja.

Salsas

en la cocina

Mi cuerpo pide salsa

¿A quién no le gusta un poquito de salsa en el cuerpo? En este último apartado del libro encontrarás ideas de salsa originales y deliciosas, para complementar tus platos de pasta o para aquellos que consideres conveniente. En todos los casos, ¡las encontrarás ya con una sugerencia de presentación!

Sustituciones y recomendaciones

- → Puedes usar raviolis o la pasta que más te guste. Si quieres que el plato sea sin gluten, sencillamente escoge una pasta que no lleve gluten.
- → Si prefieres cocinar la berenjena sin agua, necesitarás dos o tres veces más de cantidad de aceite de oliva virgen extra.
- → Este mismo relleno en formato de *fajipizza* queda delicioso.
- → Si preparas esta receta con una pasta que no lleve relleno como los macarrones, por ejemplo, le puedes añadir 200 g de carne picada, ¡ya verás qué rico y jugoso queda!

2 raciones

Salsa de ricotta y berenjena

sin gluten / vegetariana

La combinación de berenjena con *ricotta* es suave, ligera y sabrosa. A mí personalmente me encanta hacer esta receta y llevármela en un táper al trabajo. El día que la preparo, solo pienso en la pausa de la comida para saborear cada uno de estos ingredientes que, combinados entre sí, dan una sensación indescriptible.

Ingredientes

- 250 g de raviolis
- 1 cebolla pequeña
- 1 diente de ajo
- 1 berenjena mediana
- 200 g de tomate triturado
- 150 g de queso *ricotta*
- Aceite de oliva virgen extra
- 200 ml de agua
- Hojas de albahaca fresca
- Sal
- Pimienta negra al gusto
- Opcional: parmesano rallado

Preparación

1. En una sartén con un chorrito de aceite de oliva virgen extra, dora el ajo bien picado y la cebolla cortada en juliana.
2. Cuando estén listos, incorpora la berenjena cortada a cuadraditos.
3. Cuando la berenjena coja color, añade 200 mililitros de agua y deja cocinar la mezcla 10 minutos aproximadamente hasta que la berenjena absorba el agua y esté blandita.
4. Incorpora el tomate triturado y deja que la mezcla haga chup chup unos 5 o 6 minutos aproximadamente.
5. Agrega el queso *ricotta* y remueve bien mientras se integra todo. Salpimienta.
6. En paralelo, haz la pasta según las instrucciones del fabricante y emplátala junto con el relleno de berenjena y *ricotta*.
7. Decora con unas hojitas de albahaca y (opcional) un poco de parmesano rallado.

2 raciones

Salsa de aguacate (con salmón)

Ingredientes

- ½ cebolla
- 1 aguacate pequeño
- 100 ml de leche evaporada
- 2 lomos de salmón
- Sal
- Pimienta negra al gusto
- 2 cucharadas de aceite de oliva virgen extra
- Hojitas de perejil fresco

sin gluten

Este principal queda muy bonito emplatado, se hace en cuestión de minutos y es muy original. Para una comida o cena especial, puedes sorprender a tus invitados con esta idea tan sencilla que utiliza ingredientes que posiblemente ya tengas en casa.

Preparación

1. Saltea la cebolla bien picadita en una sartén con una cucharada de aceite de oliva virgen extra durante 3 minutos.
2. Añade a la sartén el aguacate troceado y cocina durante 1 minuto.
3. Por último, agrega la leche evaporada, salpimienta y cocina unos 4 minutos hasta que espese.
4. Tritura la salsa con una batidora de mano.
5. En paralelo, haz los lomos de salmón en una sartén con una cucharada de aceite de oliva virgen extra unos 3 minutos por lado.
6. Emplata con la salsa de base, el lomo de salmón, un poquito de pimienta negra y unas hojas de perejil fresco de decoración.

Sustituciones y recomendaciones

→ Si eres intolerante a la lactosa, sustituye la leche evaporada por leche de coco o queso crema sin lactosa.
→ Puedes sustituir la cebolla por un cuarto de puerro.
→ Si no tienes salmón, puedes usar unas pechugas de pollo o lomos de atún a la plancha.
→ Esta salsa también la puedes usar para acompañar unos tequeños o incluso en tu plato de pasta favorito.

2 raciones

Salsa de lima (con espaguetis de sepia)

sin gluten

La combinación de la tinta de sepia con la lima es espectacular, y me recuerda mucho a una de las piezas del restaurante de sushi que más nos gusta a Sergi y a mí.

Ingredientes

- 180 g de espaguetis de sepia
- 100 ml de nata líquida
- 1 cebolla mediana
- ½ lima
- Aceite de oliva virgen extra
- Pimienta negra molida
- Sal

Preparación

1. Cuece la pasta el tiempo necesario según el fabricante.
2. En paralelo, para la salsa, pocha la cebolla bien picadita con un chorrito de aceite de oliva virgen extra.
3. Cuando la cebolla esté lista, añade la nata líquida y cocina un par de minutos.
4. Una vez que la salsa tenga la textura deseada, incorpora la ralladura de media lima pequeña y su jugo y deja que haga chup chup hasta que la salsa espese durante un par de minutos más. Mejor que vayas agregando la lima poco a poco y probando el sabor para que no te quede una salsa muy ácida.
5. Salpimienta y emplata los espaguetis de sepia con la salsa refrescante de lima.

Sustituciones y recomendaciones

→ Puedes usar la pasta que más te guste, pero la de sepia combina muy bien con la salsa de lima y, además, le da mucho color. Si quieres que el plato sea sin gluten, sencillamente escoge una pasta que no lleve gluten.

→ Si quieres hacer una receta vegana, cambia la pasta y sustituye la nata líquida por leche de coco.

→ Si quieres que la pasta sea más saciante, incorpora unas gambitas o langostinos a la plancha.

2 raciones

Pesto de aguacate

sin gluten / sin lactosa / vegana

Receta rápida y deliciosa para acompañar un plato de pasta o unas buenas tostadas el fin de semana. ¡Si te gusta el aguacate tanto como a mí, esta receta está diseñada para ti y para que la disfrutes!

Ingredientes

- 180 g de espirales integrales
- 1 aguacate grande
- 1 puñado de nueces (25 g)
- 12 hojas de albahaca
- 1 diente de ajo pequeño
- 1 cucharadita de aceite de oliva virgen extra
- 1 chorrito de limón
- Sal
- Pimienta negra al gusto

Preparación

1. Cuece la pasta el tiempo que indique el fabricante, escúrrela y resérvala.
2. Para el pesto de aguacate, corta el diente de ajo en cuatro y pica las hojas de albahaca y las nueces muy pequeñitas para que sea más fácil triturarlas.
3. Añade el resto de los ingredientes y bate con la minipimer o picadora manual.
4. Emplata y decora con unas hojitas de albahaca fresca.

Sustituciones y recomendaciones

→ Si lo prefieres, añade otro fruto seco como pistachos o anacardos.
→ Puedes rallar un poquito de queso parmesano para decorar.
→ Este pesto también quedaría delicioso con arroz en formato *poke bowl* bien refrescante.
→ Si quieres que el plato sea sin gluten, sencillamente escoge una pasta que no lleve gluten.

Sustituciones y recomendaciones

- → Si lo prefieres, elige otro tipo de carne.
- → No es necesario añadir curri si no te gusta o no te sienta bien.
- → Puedes sustituir la leche de coco por 60 ml de nata líquida o 100 ml de leche evaporada.
- → Si quieres añadir más proteína, añade un huevo batido.

2 raciones

Salsa de coco (con noodles de arroz)

sin gluten / sin lactosa

Los *noodles* de arroz son una opción fantástica para comer este cereal de una forma original y sabrosa, y esta salsa de coco es el perfecto complemento para ellos.

Ingredientes

- 1 cebolla
- 150 g de champiñones laminados
- 1 pechuga de pollo entera
- 2 cucharadas de salsa de soja (18 ml)
- 80 ml de leche de coco
- 2 cucharadas de aceite de oliva virgen extra
- ½ cucharada de curri en polvo
- Cebollino al gusto
- Semillas de sésamo negro
- 75 g de *noodles* de arroz
- Sal

Preparación

1. Deja reposar en un bol una pechuga de pollo cortada a daditos del mismo tamaño junto con las dos cucharadas de salsa de soja.
2. Corta la cebolla en juliana y dórala en una sartén con dos cucharadas de aceite de oliva virgen extra.
3. Cuando esté dorada, añade los champiñones lavados y laminados.
4. Saltea unos 4 o 5 minutos e incorpora el pollo y la salsa de soja restante.
5. Deja cocinar todo 5 minutos más a fuego medio.
6. Agrega la leche de coco y el curri en polvo hasta que la salsa espese un poco y sazona.
7. En paralelo, hierve los *noodles* de arroz el tiempo que indique el fabricante.
8. Emplata en un lado los *noodles* de arroz escurridos y en el otro lado la mezcla de salsa de coco con arroz, pollo y verduras.
9. Decora con un poco de cebollino picado y semillas de sésamo negro.

2 raciones

Salsa de salmón con queso crema

sin gluten

Uno de nuestros desayunos favoritos es una tostada de queso crema con salmón ahumado, y para tener excusa para comerla más allá de la primera hora del día, me pareció una idea genial llevar el concepto a un plato de pasta. ¡Espero que te guste!

Ingredientes

- Espaguetis integrales (185 g)
- ½ cebolla
- 1 cucharadita de aceite de oliva virgen extra
- 150 g de salmón ahumado
- 100 g de queso crema
- Sal
- 1 cucharadita de pimienta negra molida
- 1 cucharadita de orégano

Preparación

1. Hierve la pasta el tiempo que indica el fabricante.
2. Pocha en una sartén con una cucharadita de aceite de oliva virgen extra media cebolla cortada en *brunoise*, es decir, en dados pequeños.
3. Cuando esté lista, añade el queso crema y remueve bien para que se funda a fuego bajo.
4. Por último, incorpora el salmón ahumado también cortado a daditos junto con las especias y la sal e integra bien unos segundos.
5. Emplata primero la pasta y agrega la mezcla de queso crema y salmón.

Sustituciones y recomendaciones

→ Utiliza la pasta que más te guste. Si quieres que el plato sea sin gluten, sencillamente escoge una pasta que no lleve gluten.

→ Si quieres, cambia el queso crema por alguno que ya venga con finas hierbas.

→ Puedes sustituir el salmón por atún si lo prefieres.

→ Si no te gusta la cebolla, puedes omitir este ingrediente.

Índice de recetas